MatheMaster

Lösungen zu
BAND 3
MATHEMATIK
FÜR DIE 7. SCHULSTUFE

von

Gerald F. Steiner

unter Mitarbeit von

Renate Ginzinger, Adnan Ibich, Wilfried Kaltenhuber,
Franz Nindl, Leo Olivier, Andreas Plihal, Hubert Prinz

RENIETS VERLAG

Gedruckt auf chlorfrei gebleichtem Papier

Dieses Buch wurde unter Verwendung der Lehrbuchreihe „Einblicke Mathematik“ von Joachim Becherer, Sigfried Blatter, Manfred Brech, Siegfried Bubeck, Manfred Büchele, Günther Fechner, Hans-Dieter Gerster, Gerhard Harter, Hans J. Huschens, Ralf Moll, Gabriele Oelfin, Achim Roßwag und Heinz Günther Schulz, erschienen im Ernst Klett Verlag GmbH, Stuttgart, Bundesrepublik Deutschland, erstellt.

Das Schulbuch Nr. 105876 „Steiner u. a., MatheMaster 3 – Mathematik für die 7. Schulstufe“ wurde für den Kernbereich eines zielorientierten Lehrplans verfasst (Konkretisierung und Gewichtung treffen die Lehrerinnen und Lehrer.) und mit Bescheid des Bundesministeriums für Bildung, Wissenschaft und Kultur vom 7. Mai 2001, GZ 44.221/1-III/D/13/2000, gemäß den Lehrplänen 1999 als für den Unterrichtsgebrauch an Hauptschulen und allgemein bildenden höheren Schulen für die 3. Klasse im Unterrichtsgegenstand Mathematik geeignet erklärt.

Die zugehörigen Lösungen wurden mit Schreiben des Bundesministeriums für Bildung, Wissenschaft und Kultur von 16. Mai 2003, GZ 44.221/1-V/1/02, zur Aufnahme in den Anhang zur Schulbuchliste für die Hauptschulen und die allgemein bildenden höheren Schulen für die 3. Klasse im Unterrichtsgegenstand Mathematik empfohlen.

NEUE RECHTSCHREIBUNG

Dieses Buch wurde entsprechend der Neuregelung der deutschen Rechtschreibung bearbeitet.

Schulbuchvergütung/Bildrechte: ©VBK, Wien

Umschlag: Samuel B. Moore (Grafik Motorradfahrer)

Verlagsredaktion Mathematik: Anton Burger, Adnan Ibich, Monika Watzlawek

Schulbuch Nr. 115005 (Lösungen zum Schulbuch Nr. 105876)
ISBN 978-3-900648-95-4

1. Auflage 2002. Alle Drucke der 1. Auflage sind im Unterricht nebeneinander verwendbar.

Satz und Druck: Grasl Druck & Neue Medien, 2540 Bad Vöslau

INHALTSVERZEICHNIS

1

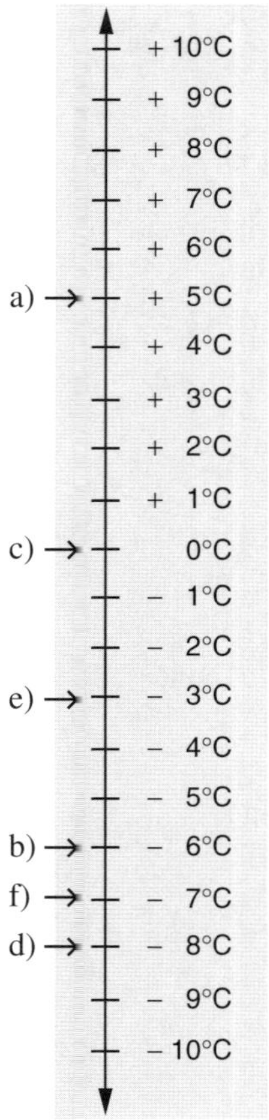

2 a) +1 °C b) 0 °C c) −4 °C d) +3 °C
e) −6 °C f) −10 °C g) −2 °C h) −1 °C

3 a) −5 °C b) 0 °C c) −7 °C d) −3 °C
e) +1 °C f) +3 °C g) −6 °C h) +4 °C

4 a) 2 °C b) 6 °C c) 4 °C d) 4 °C
e) 8 °C f) 8 °C

5 a) +10 °C, 8 °C über Null, 0 °C, 3 °C unter Null, − 4 °C
b) −3 °C, 0 °C, + 1 °C, 4 °C über Null, 10 °C über Null

6 a) −7, −4, −3, +2, +5, +7 b) −14, −8, −4, +4, +10, +12
c) −35, −20, −15, +10, +30, +40 d) −60, −50, −30, +40, +70, +80

7 a)

b)
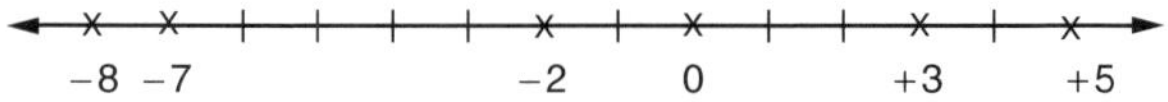

c)
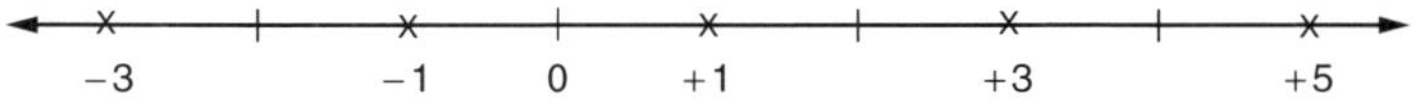

d)
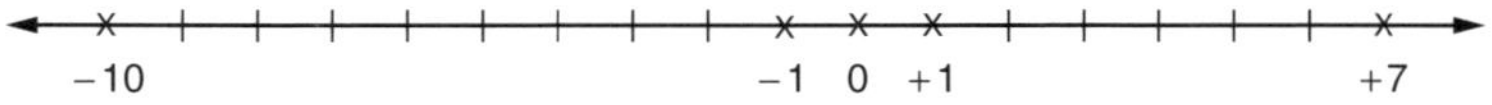

8
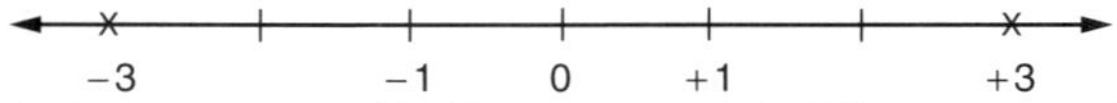

9 a) 4 b) 10 c) 120 d) 0
e) 11 f) 1 g) 1 h) 15

10 a) −1, +1 b) −27, +27 c) 0 d) −125, +125

11
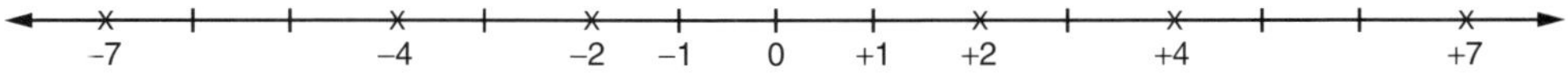

12

Zahl	+12	−4	+35	−1	0	7	−100	44	−11	15
Gegenzahl	−12	+4	−35	+1	0	−7	+100	− 44	+11	−15

13 a)
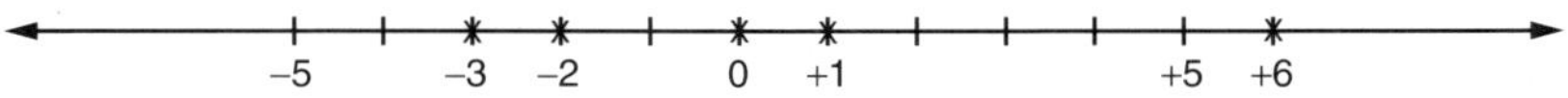

b) $+5 > +1$ $+1 > -2$ $+1 > 0$ $-3 < +1$ $-2 < 0$
$-3 < -2$ $0 < +6$ $+6 > -2$ $0 > -3$ $-3 < +6$

14 a) $-4 < 0$ b) $2 > -2$ c) $+14 > -14$ d) $-7 > -77$ e) $3 > -1$
f) $-50 < -20$ g) $-100 < -98$ h) $8 > -1$ i) $0 > -1$ j) $-33 < 32$

15 a) 3 b) −8 c) 7 d) 80 e) 20 f) 17

16 a) +2 b) −3 c) +4 d) −1

17 a) +12,5 b) −16

18 a) $-13{,}9\,°C < -8{,}5\,°C < -8{,}2\,°C < 0\,°C < +4{,}1\,°C < +11{,}7\,°C$
b) $+3{,}8\,°C > +0{,}5\,°C > 0\,°C > -15\,°C > -17{,}2\,°C > -19{,}6\,°C$

19 a) $-3{,}8 < -3{,}3$ b) $0{,}4 > -0{,}4$ c) $+0{,}5 = +\frac{1}{2}$ d) $1\frac{1}{4} < 1{,}35$
e) $-3\frac{1}{4} > -3\frac{1}{2}$ f) $2\frac{3}{4} > -2\frac{3}{5}$ g) $0{,}6 < \frac{7}{8}$ h) $-0{,}625 < -\frac{1}{2}$

20 a) $-3 < -2 < -1 < 0 < +3 < 7$ b) $-4{,}2 < -4{,}1 < -2{,}4 < -0{,}8 < +0{,}2 < +3{,}2$
c) $-36{,}4 < -3{,}64 < 3{,}6 < 3{,}64 < 364$ d) $-2\frac{1}{2} < -\frac{5}{4} < -\frac{1}{2} < 0 < \frac{9}{4} < +3\frac{1}{4}$

21 a) $|+4| > |-3|$ b) $|0| < |-1|$ c) $|+5| = |-5|$ d) $|+5| > |-3|$
e) $|+6| < |-9|$ f) $-3 < |+3|$ g) $|-12| > -15$ h) $|-7| > 0$

22 a) $+5, +7$ b) $-22, -20$ c) $-1,\ 1$ d) $-46, -44$
e) $-2,\ 0$ f) $+24, +26$ g) $-1001, -999$ h) $0, +2$

23

	a)	b)	c)	d)	e)	f)	g)	h)	i)
Zahl	+41	+1	−31	+2	+100	−1	−32	−13	−10
Vorgänger	+40	0	−32	+1	+99	−2	−33	−14	−11
Nachfolger	+42	+2	−30	+3	+101	0	−31	−12	−9

24 a) Größte negative ganze Zahl: −1 Vorgänger: −2 Nachfolger: 0
b) Kleinste positive ganze Zahl: +1 Vorgänger: 0 Nachfolger: +2
c) Kleinste positive zweistellige Zahl: +10 Vorgänger: +9 Nachfolger: +11
d) Größte negative zweistellige Zahl: −10 Vorgänger: −11 Nachfolger: −9

25 a) −19 b) 13 c) 200 d) −34

26 natürliche Zahlen: 7, +3
ganze Zahlen: 7, −2, −1, −6, +3
rationale Zahlen: 7, −2, 2,4, −1, −6, −3,1, 2,8, 17,2, +3, 0,6, +3,8, +4,1

27 a) $+3 \in \mathbb{N}$ b) $-\frac{1}{4} \notin \mathbb{Z}$ c) $1{,}75 \notin \mathbb{N}$ d) $-4{,}\dot{3} \in \mathbb{Q}$

28 a) $120 \in \mathbb{Z}$ b) $+8 \in \mathbb{N}$ c) $\frac{1}{8} \notin \mathbb{Z}$ d) $3{,}1\dot{5} \notin \mathbb{Z}$

29 a) w, $\mathbb{Z} = \{\ldots, -2, -1, 0, 1, 2, \ldots\}$
b) w
c) f (z. B.: Zahl: 2 Gegenzahl: −2 $-2 < 2$)
d) f (je kleiner eine Zahl ist, desto weiter links liegt sie auf der Zahlengeraden)

30 a) Rechenvorschrift: −5 4, −1, −6, −11, −16, −21, −26, −31
b) Rechenvorschrift: +15 − 15, 0, 15, 30, 45, 60, 75, 90
c) Rechenvorschrift: −3,5 6, 2,5, −1, −4,5, −8, −11,5, −15, −18,5
d) Rechenvorschrift: +10,6 − 17,4, −6,8, 3,8, 14,4, 25, 35,6, 46,2, 56,8

31 a) −3, −2, −1, 0, +1, ... b) 1, 0, −1, −2, ... c) 4, 5, 6, 7 d) −2, −1, 0, +1

32 a) −5, −4, −3, −2, −1, 0 b) −3, −2, −1, 0, 1, 2, 3 c) 3, 2, 1, 0, −1 d) −6, −5, −4, −3, −2

33 a) −7, 7 b) −1, 0, 1 c) −4, −3, −2, −1, 0, 1, 2, 3, 4 d) 0

34 a) $-2 \leqslant x \leqslant 2$ oder $-3 < x < 3$ b) $-11 < x < -6$ oder $-10 \leqslant x \leqslant -7$
c) $0 \leqslant x \leqslant 3$ oder $-1 < x < 4$ d) $x \geqslant 3$ oder $x > 2$
e) $-5 < x < 0$ oder $-4 \leqslant x \leqslant -1$ f) $3 < x < 8$ oder $4 \leqslant x \leqslant 7$

35 a) 4, 5 b) −2, −1 c) 0, 1 d) −9, −8

36 a) −5 °C b) +2 °C c) +9 °C d) −10 °C e) −1 °C f) +3 °C

37 a)

Monat	Jän.	Feb.	Mär.	Apr.	Mai	Jun.	Jul.	Aug.	Sep.	Okt.	Nov.	Dez.
°C	−6	−7	−3	+3	+9	+14	+17	+16	+11	+5	+1	−3

b) Durchschnittlich wärmster Monat: Juli (+17 °C)
Durchschnittlich kältester Monat: Februar (−7 °C)

38 a) A = −3, B = −1,5, C = +0,5, D = +2,5, E = +4
b) A = −3,8, B = −1,8, C = 0, D = +1,6, E = +4,2
c) A = −0,32, B = −0,16, C = −0,14, D = +0,08, E = +0,28

39 a)

b)

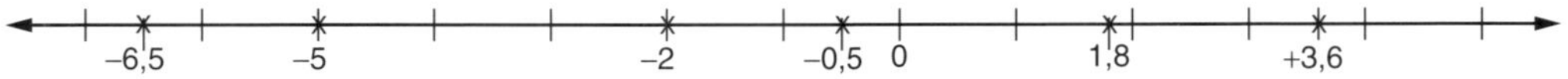

c)

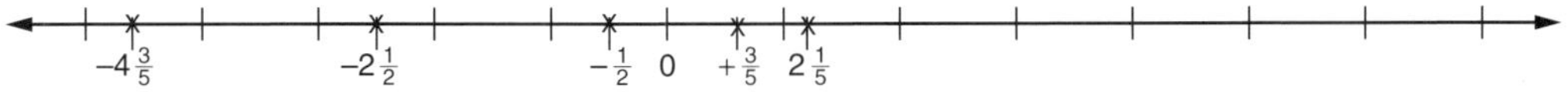

d)

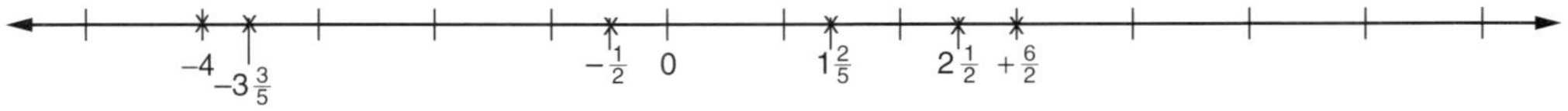

40 a) −2,5, −2, −1,5, 0
b) −13,5, −13, −12, −10
c) 3,1, 3,2, 3,3, 3,4
d) −1,1, −1,2, −1,3, −1,4
e) −0,5, −0,3, 0, +0,9
f) −2, −1,9, −1,8, −1,5

41 a) $+1{,}7 > -1{,}7$
b) $-3 > -3{,}2$
c) $4 = +4$
d) $-8{,}2 < -8{,}19$
e) $-333 < 33{,}3$
f) $-222{,}7 > -222{,}9$
g) $-12 < -10$
h) $+3{,}8 > -3{,}8$
i) $+4{,}21 > 4{,}12$
j) $+3{,}17 = 3{,}17$
k) $33{,}9 = +33{,}9$
l) $-61{,}7 < 6{,}17$

42 a) $7 > +3 > 0 > -1 > -2 > -3$ bzw. $-3 < -2 < -1 < 0 < +3 < 7$
b) $+3{,}2 > +0{,}2 > -0{,}8 > -2{,}4 > -4{,}1 > -4{,}2$ bzw. $-4{,}2 < -4{,}1 < -2{,}4 < -0{,}8 < +0{,}2 < +3{,}2$
c) $364 > 3{,}64 > 3{,}6 > -3{,}64 > -36{,}4$ bzw. $-36{,}4 < -3{,}64 < 3{,}6 < 3{,}64 < 364$
d) $+3\frac{1}{4} > \frac{9}{4} > 0 > -\frac{1}{2} > -\frac{5}{4} > -2\frac{1}{2}$ bzw. $-2\frac{1}{2} < -\frac{5}{4} < -\frac{1}{2} < 0 < \frac{9}{4} < +3\frac{1}{4}$

43 8233 m

44 BAUCH

45 Um 11 °C

46 27 °C

47 Um 56 °C

48 a)

Verein	Punkte	Tor differenz
Maria Lanzendorf	30 : 36	+7
Baden	30 : 36	+3
Deutschkreutz	30 : 36	−1
Groß Enzersdorf	30 : 36	−2

b)

Verein	Punkte	Tor differenz
Groß Enzersdorf	33 : 36	+3
Deutschkreutz	33 : 36	0
Baden	30 : 39	+2
Maria Lanzendorf	30 : 39	+2

49 a) 5 b) 7 c) 3 d) 5 e) 6 f) −3 g) 0 h) −6

50 a) 40 b) 5 c) −26 d) 32 e) −20 f) −42 g) −5 h) 105

51 a) 100 b) −108 c) 25 d) −23 e) −25 f) −25 g) 93 h) −99
i) −127 j) 85 k) −48 l) 48

52 a) 4,5 b) 7,2 c) 3,5 d) 0,8 e) −2,8 f) −8,9 g) −3,1 h) −0,8

53 a) 10 b) 3 c) −4 d) 4 e) −11 f) −5 g) −96 h) 1

54 a) −15 b) −6 c) −19 d) −8 e) −40 f) 16 g) −56 h) 0

55 a) 40 € b) −17 € c) −29,50 € d) −35,40 €

56 a) 7 b) 26 c) −7 d) 1 e) −10 f) 0

57 a) −4 b) −3 c) −4 d) 1 e) −1,2 f) −9,3 g) 8 h) −0,9
i) $-\frac{1}{2}$ j) $5\frac{1}{4}$ k) $-\frac{2}{5}$ l) $-3\frac{1}{4}$

58 a)

−6
−4 | −2
−1 | −3 | +1
+1 | −2 | −1 | +2
−2 | +3 | −5 | +4 | −2

b)

−8
−1 | −7
+1 | −2 | −5
+1,5 | −0,5 | −1,5 | −3,5
+3,5 | −2 | +1,5 | −3 | −0,5

59 a) −100 b) −15 c) 0 d) 46

60 a) −22 b) −24 c) −9 d) −30

61 a) 1,8 b) −10 c) −1,42 d) 5,1 e) −0,9 f) 0,97

62 a)

+	+ 3	− 2	+ 5	−2,5	−0,5
+ 6	9	4	11	3,5	5,5
− 3	0	− 5	2	−5,5	−3,5
+3,5	6,5	1,5	8,5	1	3
−1,5	1,5	−3,5	3,5	− 4	− 2
−3,5	−0,5	−5,5	1,5	− 6	− 4

b)

+	− 2,5	+ 6,1	− 3,8	4,1	− 2,8
− 3,5	− 6	2,6	− 7,3	0,6	− 6,3
+ 2,1	− 0,4	8,2	− 1,7	6,2	− 0,7
− 0,8	− 3,3	5,3	− 4,6	3,3	− 3,6
$-\frac{1}{2}$	− 3	5,6	− 4,3	3,6	− 3,3
$+\frac{2}{5}$	− 2,1	6,5	− 3,4	4,5	− 2,4

63 a) 1,8 b) −1,5 c) −9,8 d) −1,7

64 a) −2 b) +2,9 c) $+\frac{5}{8}$

65 a) −12 b) −2, 4 c) $-\frac{19}{30}$

66 a) −6 b) −102 c) −108 d) −84 e) −27 f) 68

67 a) 5,3 b) 3,2 c) −4,3 d) 1 e) −4,5 f) − 3,6

68 a)

+	−33	+39	−37	+35
+12	−21	51	−25	47
+18	−15	57	−19	53
−16	−49	23	−53	19
−14	−47	25	−51	21
−22	−55	17	−59	13

b)

+	$+\frac{2}{3}$	$+\frac{3}{4}$	$-\frac{5}{6}$	$-1\frac{3}{8}$
$+\frac{1}{2}$	$1\frac{1}{6}$	$\frac{5}{4}$	$-\frac{1}{3}$	$-\frac{7}{8}$
$-\frac{1}{8}$	$\frac{13}{24}$	$\frac{5}{8}$	$-\frac{23}{24}$	$-1\frac{1}{2}$
$+\frac{1}{4}$	$\frac{11}{12}$	1	$-\frac{7}{12}$	$-1\frac{1}{8}$
$-\frac{1}{6}$	$\frac{1}{2}$	$\frac{7}{12}$	−1	$-1\frac{13}{24}$
$+1\frac{1}{2}$	$2\frac{1}{6}$	$2\frac{1}{4}$	$\frac{2}{3}$	$\frac{1}{8}$

69 a) 74 b) 3 c) 168 d) −2 e) −15 f) 6

70 a) −37 b) 120

71 a) −20 b) −178

72 a) −13,3 b) −149,8 c) 12,63 d) −10,947

73 a) 21 b) −107 c) −16 d) −89

74 a) 6 b) 12 c) 9 d) 4 e) 3 f) −16

75 a) 14 b) 9

76 a) 6 b) −68

77 a) $4\frac{13}{28}$ b) $1\frac{1}{8}$

78 a) $6\frac{29}{50}$ b) $4\frac{7}{20}$ c) $-5\frac{8}{9}$ d) 5

79 a) 3 b) −10 c) 22 d) −1 e) −2 f) 0 g) 20 h) −13

80 a) 50 b) 5 c) −45 d) 16 e) −112 f) −150 g) −10 h) −1

81 a) −2 b) 14 c) 12 d) 3 e) −20 f) −4

82 a) 32 b) 0 c) 90 d) −2 e) −9 f) −39

83 a) −3 b) 15 c) −9 d) −2 e) 14 f) −7 g) −1 h) 6
i) −12 j) −3 k) −1 l) 10

84 a) −14 b) 11 c) −12 d) 4

85 a) −20 b) 43

86 146 °C

87 Höhenunterschied: 58 m

88 a) 12,1 b) −18,1 c) −7,3 d) 1,5 e) 16 f) −1,5

89 a) −9 b) 3 c) 40 d) −32

90 a) −380 b) −390 c) −826 d) 7975 e) 0 f) 37

91 a) −5,89 b) −18,25 c) 1,965

92 a) 0,4 b) −9,4 c) −13,2 d) 5,8

93 a) $-0,6$ b) $-3,45$

94 550 °C

95 Länge: 90,35° Breite: 7,47°

96 Der neue Kontostand = −201,90 €

97 a) 0 b) -12 c) 39 d) -3

98 a) $-12,4$ b) 0,4 c) $-0,1$ d) $-2,6$

99 a)

−	+1,3	+38	−4,4	−25
−0,52	−1,82	−38,52	3,88	24,48
+4,8	3,5	−33,2	9,2	29,8
−66	−67,3	−104	−61,6	−41
+ 7,4	6,1	−30,6	11,8	32,4
−7	−8,3	−45	−2,6	18

b)

−	$-\frac{1}{10}$	$+\frac{1}{5}$	$-\frac{1}{4}$	$+2\frac{3}{10}$
$+\frac{7}{10}$	$\frac{4}{5}$	$\frac{1}{2}$	$\frac{19}{20}$	$-1\frac{3}{5}$
$+\frac{3}{4}$	$\frac{17}{20}$	$\frac{11}{20}$	1	$-1\frac{11}{20}$
$-\frac{4}{5}$	$-\frac{7}{10}$	-1	$-\frac{11}{20}$	$-3\frac{1}{10}$
$-\frac{3}{10}$	$-\frac{1}{5}$	$-\frac{1}{2}$	$-\frac{1}{20}$	$-2\frac{3}{5}$
$1\frac{1}{4}$	$1\frac{7}{20}$	$1\frac{1}{20}$	$1\frac{1}{2}$	$-1\frac{1}{20}$

100 a) -25 b) -44

101 a) $-26\,930$ b) $-39\,308$ c) 1 003

102 a) -69 b) -78

103 a) $-15,518$ b) $-10,25$

104 a) $-2\frac{7}{20}$, $-2,35$ b) $-\frac{1}{2}$, $-0,5$ c) $4\frac{1}{5}$, 4,2

105 a) $\frac{1}{8}$ b) $\frac{19}{40}$ c) $\frac{5}{12}$

106 a) $-3\frac{7}{12}$ b) $7\frac{11}{12}$ c) $1\frac{2}{9}$

107 a) $\frac{13}{18}$ b) $1\frac{1}{8}$

108 a) $\frac{3}{4}$ b) $5\frac{11}{15}$

109 a) $+18 \xrightarrow{-6} +12 \xrightarrow{-6} +6 \xrightarrow{-6} 0 \xrightarrow{-6} -6 \xrightarrow{-6} -12 \xrightarrow{-6} -18$

b) $+40 \xrightarrow{-18} +22 \xrightarrow{-18} +4 \xrightarrow{-18} -14 \xrightarrow{-18} -32 \xrightarrow{-18} -50 \xrightarrow{-18} -68$

c) $+1,5 \xrightarrow{-0,5} +1 \xrightarrow{-0,5} +0,5 \xrightarrow{-0,5} 0 \xrightarrow{-0,5} -0,5 \xrightarrow{-0,5} -1 \xrightarrow{-0,5} -1,5$

d) $-2 \xrightarrow{+0,5} -1,5 \xrightarrow{+0,5} -1 \xrightarrow{+0,5} -0,5 \xrightarrow{+0,5} 0 \xrightarrow{+0,5} +0,5 \xrightarrow{+0,5} 1$

e) $-6 \xrightarrow{+2,5} -3,5 \xrightarrow{+2,5} -1 \xrightarrow{+2,5} +1,5 \xrightarrow{+2,5} +4 \xrightarrow{+2,5} +6,5 \xrightarrow{+2,5} 9$

f) $-12,8 \xrightarrow{+4,6} -8,2 \xrightarrow{+4,6} -3,6 \xrightarrow{+4,6} 1 \xrightarrow{+4,6} +5,6 \xrightarrow{+4,6} +10,2 \xrightarrow{+4,6} +14,8$

110 a) 2 b) -3 c) -1 d) 5 e) -31 f) -30
g) 24 h) -101 i) -56 j) 2

111 a) 2 b) 5 c) -1 d) 0 e) 4,5 f) -1

112 a)

(−3)

−3	7	−7
−5	−1	3
+5	−9	1

b)

(−6)

−3,5	+4	−6,5
−5	−2	+1
2,5	−8	−0,5

c)

(+6)

9	−5	−4	6
−2	4	3	1
2	0	−1	5
−3	7	8	−6

d)

(−70)

−25	45	−45	20	−65
−60	−15	40	−35	0
10	−65	−15	25	−25
−30	+10	−65	−10	25
35	−45	15	−70	−5

e)

(−9)

−13,5	7,5	6	−9
3	−6	−4,5	−1,5
−3	0	1,5	−7,5
4,5	−10,5	−12	9

113 a) 34 b) −30 c) 62 d) 4 e) −13 f) 5 g) −10 h) −1 i) −2 j) −9

114 a)

+	+4	−1	+4	−1,5	−2,5
+4	8	3	8	2,5	1,5
−2	2	−3	2	−3,5	−4,5
0	4	−1	4	−1,5	−2,5
−2,5	1,5	−3,5	1,5	−4	−5
−0,5	3,5	−1,5	3,5	−2	− 3

b)

+	−2,5	+5,4	−2,7	4,4	−3,7
+2,5	0	7,9	−0,2	6,9	−1,2
−3,4	−5,9	2	−6,1	1	−7,1
+0,7	−1,8	6,1	−2	5,1	−3
$-\frac{4}{5}$	−3,3	4,6	−3,5	3,6	−4,5
$+\frac{3}{5}$	−1,9	6	−2,1	5	−3,1

115 TEMPERATUR

116

	Temperaturen				
7.00 Uhr	− 3	− 8	+1	− 2	−4,5
Änderung	+ 5	− 2	−2,5	+ 8	+13
12.00 Uhr	+2	− 10	−1,5	+6	+8,5

117 Tom: −390 Punkte. Andrea: 1 140 Punkte

118

	Alter Kontostand	Einzahlung, Auszahlung	Neuer Kontostand
a)	−320 €	+600 €	+280 €
b)	+250 €	−420 €	−170 €
c)	−1 204 €	−250 €	−1 454 €
d)	−450 €	+225 €	−225 €

119

	Alter Kontostand	Einzahlung, Auszahlung	Neuer Kontostand
a)	+600,00 €	−1 425, 00 €	−825,00 €
b)	+25,50 €	−85,25 €	−59,75 €
c)	−100,50 €	+131,25 €	+30,75 €
d)	+1 305,00 €	−750,00 €	+555,00 €
e)	−6 534,80 €	−45,50 €	−6 580,30 €
f)	−520,20 €	−22,60 €	−542,80 €

120 616,60 €

121 a) 12 b) −5 c) −40 d) −20 e) −14 f) −54 g) −22 h) 80

122 a) 39 b) 5 c) 0 d) −15 e) 64 f) −36 g) 18 h) −24

123 a)

·	+2	− 5	+6
+3	6	− 15	18
+7	14	− 35	42
0	0	0	0

b)

·	− 4	− 2	− 11
+9	− 36	− 18	− 99
− 1	4	2	11
+5	− 20	− 10	− 55

c)

·	−10	+1	0
+10	−100	10	0
−6	60	−6	0
−3	30	−3	0

124 a) −1512 b) 3124 c) 1144 d) −952 e) −492 f) −11160 f) −2622 h) −342

125 a) 36 b) −40 c) 1 d) 150

126 a) 24 b) −900 c) −96 d) 200

127 a) $-6 < 4$ b) $-20 = -20$ c) $33 > -33$ d) $28 > -26$ e) $-30 > -35$ f) $-48 = -48$

128 a) −1,41 b) −223,2 c) 99,72 d) −0,48 e) 107,1 f) −8,085

129 a) $-\frac{3}{5}$ b) $\frac{1}{9}$ c) −12 d) −14 e) −12 f) $-\frac{2}{3}$ g) $\frac{1}{8}$ h) $-5\frac{1}{4}$

130 a) $-1\frac{2}{7}$ b) $1\frac{1}{12}$ c) $-\frac{1}{2}$ d) $-\frac{4}{9}$ e) 5 f) −2 g) −3 h) 22

131 a) −24 b) 0,24 c) $-\frac{3}{5}$

132 a) 36 b) 3,6

133 a) −480 b) 160 c) 1050 d) −1152

134 a) −84 b) 0 c) 270 d) 6,4 e) 24,8 f) 180

135 a) 6 b) $-33\frac{13}{24}$ c) $-\frac{1}{32}$ d) $-\frac{1}{4}$ e) $\frac{4}{5}$ f) 1

136 a) falsch, < b) richtig c) richtig d) falsch, >

137 a) −1 b) $-5\frac{1}{2}$ c) −15 d) 15

138 a) $\frac{1}{6}$ b) $1\frac{1}{2}$ c) $-34\frac{5}{7}$

139 a) $-\frac{5}{16}$, −0,3125 b) $-\frac{81}{100}$, −0,81 c) 1, 1

140 a) 20 000 000 b) −10 c) $1\frac{1}{4}$ d) 0

141 a) −20 b) −7 c) −56 d) −0,35 e) 63 f) −3350 g) 70 h) −4

142 a) 408 b) −0,232 c) −3321 d) −5,08 e) −132,4 f) 0,608 g) −5832 h) −269,39

143 a) $-\frac{1}{4}$ b) −14 c) $-1\frac{1}{8}$ d) 1 e) 1 f) −10 g) 0 h) −4
i) −1 j) $1\frac{1}{2}$

144 a)

·	+3	−5	+17	−28
4	12	−20	68	−112
−10	−30	50	−170	280
+17	51	−85	289	−476
−20	−60	100	−340	560
+300	900	−1 500	5 100	−8 400

b)

·	+0,1	−0,5	+2,5	0
+2	0,2	−1	5	0
0	0	0	0	0
−4,1	−0,41	2,05	−10,25	0
−16,2	−1,62	8,1	−40,5	0
+12,04	1,204	−6,02	30,1	0

145 a) −140 b) 300 c) −360 d) −30 e) −6 f) 20

146 a) 4 b) −3 c) −4 d) 2 e) −7 f) 1 g) −11 h) 4

147 a) −6 b) −7 c) −1 d) −17 e) 5 f) −3

148 a)

:	+2	−6	+4	+3
−24	−12	4	−6	−8
+12	6	−2	3	4
+36	18	−6	9	12

b)

:	−2	+5	−10	+4
+20	−10	4	−2	5
−100	50	−20	10	−25
−60	30	−12	6	−15

149 a) 8,5 b) −5,2 c) −12,6 d) 6, 75 e) 6,2 f) −21,5 g) −9,5 h) 11,5

150 a) $\frac{4}{5}$ b) $-1\frac{1}{5}$ c) $\frac{2}{3}$ d) $\frac{3}{8}$ e) $\frac{9}{14}$ f) −2 g) 6 h) $\frac{8}{15}$

151 a) $-14\frac{2}{3}$ b) $-9\frac{1}{5}$ c) $-17\frac{1}{4}$ d) $1\frac{25}{26}$ e) 3 f) 10 g) $2\frac{2}{5}$ h) $-1\frac{1}{2}$

152 a) −72,5 b) 36 c) 23 d) 6,95 e) −3,5 f) −2,72 g) 0,305 h) 4,5

153

Dividend	+23,4	+8,671	−311,04	−1,2	+988,8	−123,2	+22,62
Divisor	−6,5	+1,3	+9,6	−0,25	−2,4	−0,8	−7,8
Quotient	−3,6	+6,67	−32,4	+4,8	−412	+154	−2,9

154 a) $-5 \neq -0{,}2$ b) $1\frac{7}{8} \neq \frac{8}{15}$ c) $-10 \neq -0{,}9$ d) $\frac{3}{5} \neq 1\frac{7}{20}$

155 a) $3\frac{1}{3}$ b) $-3\frac{1}{5}$ c) −0,8 d) $\frac{8}{13}$

156 a) 50 b) 3 c) 0 d) 1 e) 2,1 f) $\frac{3}{4}$ g) $\frac{1}{5}$ h) 1

157 a) 9 b) −22,8 c) $\frac{27}{32}$

54:

158 a) 72 b) 126 c) 72 d) 14 e) −30 f) −30

159 a) $-4{,}\dot{6}$ b) $-4{,}\dot{3}$ c) $8{,}\dot{3}$ d) $-2{,}\overline{428571}$
e) $-10{,}21\dot{6}$ f) $2{,}7\dot{4}$ g) $5{,}6\dot{3}$ h) $-13{,}8\dot{3}$

160 a) $-\frac{5}{6}$ b) 7,03 c) −2,1 d) 0

161 NEUSIEDL

162 a)

:	+2	−0,5	+10	−2,5
−6	−3	12	−0,6	2,4
+25	12,5	−50	2,5	−10
−500	−250	1000	−50	200
−0,5	−0,25	1	−0,05	0,2

b)

:	$-\frac{1}{2}$	$-\frac{3}{4}$	$+\frac{1}{2}$	$-\frac{1}{4}$
$-\frac{1}{2}$	1	$\frac{2}{3}$	−1	2
$+\frac{3}{4}$	$-\frac{3}{2}$	−1	$\frac{3}{2}$	−3
$+\frac{1}{2}$	−1	$-\frac{2}{3}$	1	−2
$+\frac{1}{4}$	$-\frac{1}{2}$	$-\frac{1}{3}$	$\frac{1}{2}$	−1

163 a) −3 b) −19 c) 5 d) −3 e) −13 f) −14

164 a) −3 b) −2 c) 31 d) −1

165 a) −31 b) −6 c) 107 d) −49

166 a) 42 b) 11

167 a) −12 b) −10

168 a) −19 b) 45

169 a) −4,1 b) 13 c) −9,8 d) −0,3 e) −22,3 f) −3,1

170 a) −5,5 b) −8 c) −35,7 d) −26

171 a) 3 b) 8 c) 12 d) −3

172 a) 34 b) −8 c) 0 d) 6,4

173 a) −10 b) −26

174 a) −116 b) −17

175 a) 13,5 b) −3,3

176 a) 2 b) 30

177 a) 182 b) 20

178 a) −38,5 b) −3

179 a) 2 b) −3,64 c) $-\frac{1}{2}$

180 a) 12 b) 2,4 Verteilungsgesetz: $(a+b) : c = a : c + b : c$ bzw.
$(a-b) : c = a : c - b : c \quad c \neq 0$

181 a) 1,65 b) −0,44

182 a) $-5\frac{1}{4}$ b) −1

183 a) 63 b) 1

184 a) −118 b) 1

185 a) 14,4 b) -1

186 a) $\frac{19}{20}$ b) $1\frac{3}{5}$

187 a) $-13\frac{5}{12}$ b) $13\frac{1}{2}$

188 a) $-21\frac{1}{3}$ b) $3\frac{7}{15}$

189 a) 6 b) $-\frac{1}{9}$

190 a) -44 b) -80

191 a) $-9{,}6 + [2{,}3 \cdot (-5)] = -21{,}1$ b) $-25{,}3 - [8{,}4 + (-2{,}4)] = -31{,}3$ c) $21 : [(-7) - (-4)] = -7$

192 a) $\left[\left(-1\frac{1}{2}\right) + \left(+\frac{5}{6}\right)\right] + \left[\left(-2\frac{1}{2}\right) - \left(+\frac{2}{3}\right)\right] = -3\frac{5}{6}$
b) $\left[3\frac{3}{4} + 2\frac{1}{6}\right] : \left(-2\frac{1}{3}\right) = -2\frac{15}{28}$
c) $\left[\left(-\frac{5}{8}\right) : \left(+\frac{1}{4}\right)\right] \cdot \left(-\frac{2}{3}\right) = 1\frac{2}{3}$

193 a) 153,97 b) 590,84 c) 656,27 d) 9,062 e) 481,72

194 a) 1008 b) 38,39465 c) 23,87 d) 2,331 e) 3679,676 f) 443,556
g) 0,2268 h) 533,088

195 a) 29,25 b) 5,29 c) 610,62 d) 1000 e) 34,41 f) 0,86 g) 45,75 h) 15,88

196 a) 87,19 b) 347,83 c) 888 d) 257,11 e) 11

197 a) 60 b) 28,28 c) 1205,8 d) 8756,4 e) 11,06

198 a) 58,77 b) 179,73 c) 0,78 d) 2,44 e) 0,10 f) 6,69

199 Ergebnisse: 53,55, 55,6, 54,8, 55,1, 45,89. 55,1 liegt der Zahl 55 am nächsten.

200 a) $\frac{7}{3}$ b) $5\frac{2}{15}$ c) $\frac{3}{10}$ d) $12\frac{1}{12}$ e) $\frac{3}{10}$ f) $11\frac{5}{9}$

201 a) $\frac{31}{30}$ b) $\frac{26}{75}$ c) $\frac{1}{10}$ d) $\frac{3}{5}$ e) $\frac{1}{4}$ f) $11\frac{1}{4}$

202 a) Bis zu 42
b) 483 840
c) Die letzte Zahl der Multiplikationskette heißt 4.
d) Man muss 13-mal die Zahl 78 von 1556 subtrahieren, um 542 zu erhalten.
e) 2 657 205

203

Preis	MwSt.
19 €	3,80 €
28 €	5,60 €
110 €	22 €
650 €	130 €
15 €	3 €
75 €	15 €
30 500 €	6 100 €

204

Artikel	Preis ohne MwSt.(€)	20% MwSt. (€)	Preis mit MwSt.(€)
Schulbank	185	37	222
Stuhl	85	17	102
Tafel	890	178	1068
Pinnwand	216	43,20	259,20
Waschbecken	156	31,20	187,20
Schrank	590	118	708
Regal	499	99,8	598,80

205 a) $21{,}5\ cm^2$ b) $33{,}48\ cm^2$ c) $33{,}25\ cm^2$ d) $21{,}71\ cm^2$

206

Kilojoule (kj)	Kilokalorien (kcal)
412,8	98,66
500,33	119,58
652,5	155,95
1 201,8	287,23
356,90	85,3
597,07	142,7
968,37	231,44
2 581,59	617

207 a) −4, −3, −25, −312, −4 875 b) −0,4, −17,4, −32,1, −147,41

208 a) 666 b) −3,84 c) −1221 d) −0,77 e) −113526 f) 33,951
g) −1,363 h) −0,535 i) −0,6 j) 12,44 k) −372,48 l) −1,822

209 a) −5 712 b) −33 906,734 c) −54,352 d) 119,31 e) 36 f) 50

210 a) −3936 b) −3309,77 c) −626,9 d) −9,154 e) 2,75 f) 76,40625

211 a) −191 b) −560 c) 65 d) −29 e) 272 f) 551

212 a) −553,74 b) −42,048 c) −3,09446 d) −15,2 e) 40,2 f) −50,18

213 a) 7680 b) 25 c) 64 307,664 d) −6 e) 2 f) 63 723,259

214 a) 0 b) $-1\frac{8}{9}$ c) $2\frac{2}{3}$ d) −7 e) 4,5 f) $11\frac{3}{20}$

215 durchschnittliche Jahrestemperatur ≈ −17,8 °C

216 a) 66 b) 0 c) −106 d) 78 e) −54,3 f) −51,6 g) 48 h) −47

217 a) −638,048 b) 8 c) −89,398 d) −861,85
e) 50,7 f) 6474,4 g) 80,5 h) −55,5

218

x	1	2	3	4	5	6	7	8	9	10
x^2	1	4	9	16	25	36	49	64	81	100

x	11	12	13	14	15	16	17	18	19	20
x^2	121	144	169	196	225	256	289	324	361	400

219 a) $1^2 = 1$ b) $2^2 = 4$ c) $3^2 = 9$ d) $4^2 = 16$
$10^2 = 100$ $20^2 = 400$ $30^2 = 900$ $40^2 = 1\,600$
$100^2 = 10\,000$ $200^2 = 40\,000$ $300^2 = 90\,000$ $400^2 = 160\,000$

220 a) $3^2 = 9$ b) $5^2 = 25$ c) $8^2 = 64$ d) $12^2 = 144$
$0{,}3^2 = 0{,}09$ $0{,}5^2 = 0{,}25$ $0{,}8^2 = 0{,}64$ $1{,}2^2 = 1{,}44$
$0{,}03^2 = 0{,}0009$ $0{,}05^2 = 0{,}0025$ $0{,}08^2 = 0{,}0064$ $0{,}12^2 = 0{,}0144$

221 a) 25 b) 49 c) 81 d) 121 e) 400 f) 1 600 g) 169 h) 256 i) 361

222 a) 36 b) 64 c) 144 d) 0,25 e) 0,81 f) 0,16 g) $\frac{1}{4}$ h) $\frac{1}{16}$ i) $\frac{1}{64}$

223 a) 64, 0,64, 0,0064 b) 121, 1,21, 0,0121 c) 324, 3,24, 0,0324

224 a) 900 b) 180 c) 847 d) 3 600 e) 3 375 f) 810 000

225 a) 80 b) 50 c) 70 d) 90 e) 20 f) 700
g) 500 h) 100 i) 8 000 j) 3 000

226 a) 0,5 b) 0,05 c) 0,005 d) 0,3 e) 0,03 f) 0,003
g) 0,4 h) 0,12 i) 1,1 j) 0,11

227 a) 5 b) 7 c) 8 d) 9 e) 11 f) 19 g) 15 h) 12 i) 13

228 a) 0,4 b) 0,2 c) 0,1 d) 1,3 e) 1,5 f) 1,9 g) $\frac{1}{2}$ h) $\frac{3}{5}$ i) $\frac{7}{12}$

229 a) $\sqrt{49} = 7$, denn $7^2 = 49$ b) $\sqrt{144} = 12$, denn $12^2 = 144$
c) $\sqrt{121} = 11$, denn $11^2 = 121$ d) $\sqrt{361} = 19$, denn $19^2 = 361$

230 a) $2 < \sqrt{5} < 3$ b) $3 < \sqrt{12} < 4$ c) $4 < \sqrt{20} < 5$
d) $5 < \sqrt{30} < 6$ e) $8 < \sqrt{80} < 9$ f) $10 < \sqrt{120} < 11$
g) $24 < \sqrt{600} < 25$ h) $31 < \sqrt{1\,000} < 32$ i) $22 < \sqrt{500} < 23$

231 a) 729 b) 2 809 c) 4 225 d) 1,25 e) 2,02 f) 0,20 g) 1,01 h) 0,00 i) 0,00

232 a) 3,162 b) 3,606 c) 7,5 d) 1,673 e) 63 f) 44,665 g) 0,1 h) 0,183 i) 0,535

233 Die letzte Ziffer lautet: 9

234 An der Einerstelle einer Zahl kann 0, 1, 2, 3, 4, 5, 6, 7, 8, 9 stehen. $0^2 = 0$, $1^2 = 1$, 2^2 ist bereits 4, daher kann die Quadratzahl nie mit 2 enden.

235 a) 30,25 cm^2 b) 56,25 cm^2 c) 324 cm^2

236 a) 1 m^2 b) 2,25 m^2 c) 4 m^2 d) 6,25 m^2

237 a) 64 cm^2, 100 cm^2, 400 cm^2 b) 384 cm^2, 600 cm^2, 2 400 cm^2

238 50 m

239 57,70 m Zaun werden benötigt.

240 a) 0,81 m^2 b) 0,9 m

241 a) 81 dm^2 b) 9 dm

242 a) $2^2 = 4$ b) $5^2 = 25$ c) $8^3 = 512$ d) $3^3 = 27$ e) $6^2 = 36$ f) $4^2 = 16$
g) $3^2 = 9$ h) $7^2 = 49$ i) $1^3 = 1$ j) $5^3 = 125$ k) $2^3 = 8$ l) $1^2 = 1$

243 a) 3^4 b) 5^4 c) 6^5 d) 13^3 e) 7^3 f) 9^2

244 a) 8^5 b) x^3 c) a^4 d) b^6 e) $(-5)^4$ f) $(5x)^2$
g) $(\frac{3}{4})^3$ h) $(-r)^2$ i) $(-1)^3$

245 a) $3^3 \cdot 2^2$ b) $2^2 \cdot 4^3$ c) $2^2 \cdot 3^2 \cdot 5^3$ d) $2^2 \cdot a^3$ e) $x^3 \cdot y^2$ f) $r \cdot s^2 \cdot t^3$

246 a) 3125 b) 32 c) 343 d) 225 e) 10 000 000 f) 1 024
g) 0,008 h) $\frac{1}{81}$ i) $\frac{1}{1000000}$

247 HUBBLE

248 a) 144 b) 361 c) 10 000 d) 343 e) 317 f) 2 048 g) −31

249 a) 1 024 b) 243 c) 65 536 d) 78 125 e) 20 736 f) 59 049
g) 0,000262144 h) 0,000001 i) $\frac{1}{46\,656}$

250 a) 3 b) 6 c) 7 d) 4

251 a) 5 b) 9 c) 10 d) 11

252 a) $3^2 \cdot 5^2$ b) $(-2)^2 \cdot 7^2$ c) $4^2 \cdot (-3)^3$ d) $2^2 \cdot 7^2$ e) $(-3)^2 \cdot 4^2$ f) $5^2 \cdot (-7)^3$

253 a) $a^2 \cdot b^2 \cdot c^3$ b) $q^2 \cdot r^2 \cdot s^2$ c) $5a^4 \cdot p^2$ d) $c^4 \cdot d^2 \cdot f^2$ e) $q^3 \cdot (-r)^2 \cdot s$ f) $3a \cdot b^2 \cdot (-p)^3$

254

	a)	b)	c)	d)	e)	f)	g)	h)
p	0	1	−1	2	−2	3	−3	4
3p	0	3	−3	6	−6	9	−9	12
p^3	0	1	−1	8	−8	27	−27	64

255

	a)	b)	c)	d)	e)	f)	g)	h)
q	0	1	−1	2	−2	3	−3	−4
−3q	0	−3	3	−6	6	−9	9	12
$(-q)^3$	0	−1	1	−8	8	−27	27	64

256

	a)	b)	c)	d)	e)	f)	g)	h)
m	3	−3	4	−4	5	−5	6	0
2m	6	−6	8	−8	10	−10	12	0
m^2	9	9	16	16	25	25	36	0

257 a) 1 b) 2 c) 3 d) 4

258 a) 5 b) 6 c) 7 d) 10

259 a) 87 b) 13 c) 118 d) 98 e) 6 f) 136 g) 341 h) 192

260 a) 3 725 b) 622 c) 4 d) −30

261 a) = b) > c) = d) <

262 a) 18 446 744 073 709 551 615 Reiskörner b) 368 934 881 474 t c) 61 489,147 kg Reis

263 83 886,08 €

264 531 441 Personen

265 a) 5^2 b) $2^2 \cdot 3^2$ c) $3 \cdot 2^4$ d) $2 \cdot 3^3$ e) 2^6 f) $2^2 \cdot 5^2$ g) $2 \cdot 5 \cdot 11$ h) $2^4 \cdot 3^2$

266 a) $7 \cdot 3^3$ b) $2^2 \cdot 3^2 \cdot 5$ c) $5 \cdot 2^6$ d) $2^3 \cdot 3^2 \cdot 5$
e) $2 \cdot 3 \cdot 67$ f) $2 \cdot 3^2 \cdot 5^2$ g) 2^{10} h) $3 \cdot 683$

267 a) 10^3 b) 10^1 c) 10^4 d) 10^2 e) 10^5 f) 10^6

268 a) 4 000 b) 900 c) 500 000 d) 20 000 e) 7 000 f) 8 000 000

269 a) 15 000 b) 30 000 000 c) 32 100
d) 17 000 000 000 e) 872 000 f) 500 000 000

270 a) $2 \cdot 10^4$ b) $4 \cdot 10^5$ c) $9 \cdot 10^5$ d) $13 \cdot 10^6$ e) $25 \cdot 10^8$
f) $8 \cdot 10^{13}$ g) $124 \cdot 10^2$ h) $386 \cdot 10^3$ i) $566 \cdot 10^6$ j) $3\,211 \cdot 10^4$

271 a) 10^5 b) 10^6 c) $3{,}4 \cdot 10^6$ d) 10^9
e) 10^{13} f) $101 \cdot 10^9$ g) 10^9 h) $2\,002 \cdot 10^9$

272 a) 12 000 b) 4 200 000 c) 8 000 000 d) 111 000 000 000
e) 410 f) 75 000 g) 375 000 h) 6 010 000 000

273 a) = f) = h), b)= e), c) = g)

274 a) 1. 09 b) 1. 12 c) 3.6 07 d) 7. 15
e) 1. 10 f) 1. 15 g) 1. 17 h) 1. 99

275 a) $2 \cdot 10^6 = 2\,000\,000$ b) $8 \cdot 10^{12} = 8\,000\,000\,000\,000$
c) $2{,}5 \cdot 10^8 = 250\,000\,000$ d) $5{,}05 \cdot 10^9 = 5\,050\,000\,000$
e) $7{,}2 \cdot 10^{10} = 72\,000\,000\,000$ f) $2{,}022 \cdot 10^{12} = 2\,022\,000\,000\,000$

276 a) 800 000 b) 4 000 000 c) 90 000 000 d) 13 000
e) 3 500 000 f) 30 000 000 g) 20 000 000 h) 7 000 000

277 a) $8{,}45 \cdot 10^4$ b) $5{,}44 \cdot 10^6$ c) $4{,}7 \cdot 10^7$ d) $3{,}25 \cdot 10^4$
e) $8{,}52 \cdot 10^3$ f) $3{,}808 \cdot 10^6$ g) $1{,}23 \cdot 10^8$ h) $1{,}15 \cdot 10^4$

278 a) $8{,}3858 \cdot 10^4$ km² b) $8{,}1 \cdot 10^6$ c) $3 \cdot 10^8$ m/s d) $3{,}56978 \cdot 10^5$ km²

279 a) 40 000 000 m b) 97 400 000
c) 9 460 000 000 000 km d) 5 970 000 000 000 000 000 000 000 kg

280 a) 81 000 000 000 b) 1 035 000 000 c) 2 007 000 000
d) 7 814 400 000 000 e) 133 200 000 f) 13 635 000 000 000 000

281 8 Min. 19 Sekunden

282

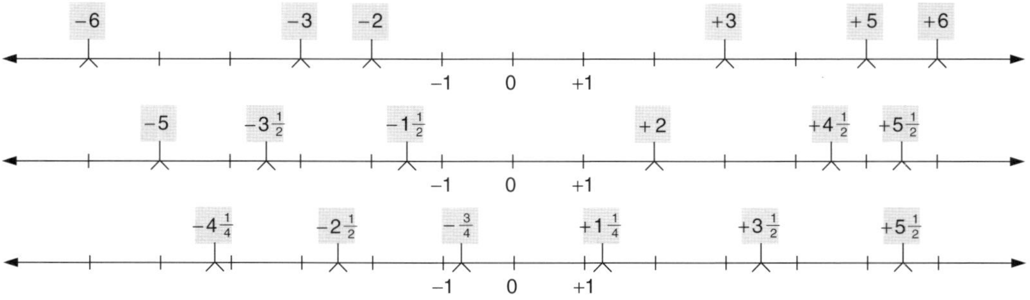

283 a)

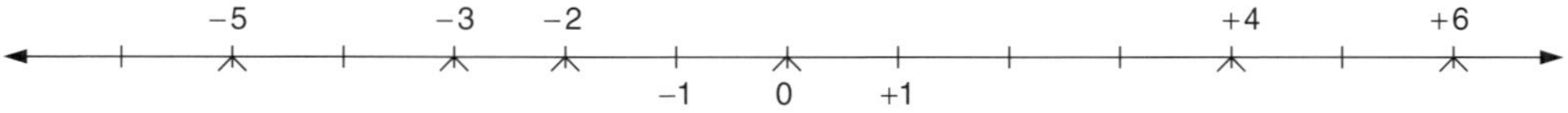

b)

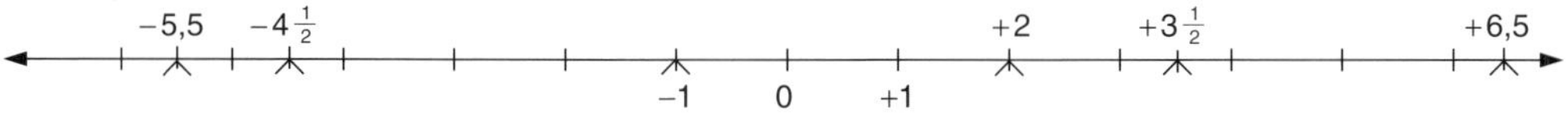

c)

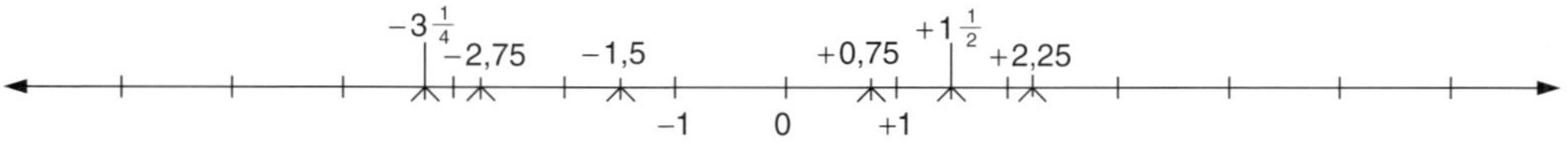

284

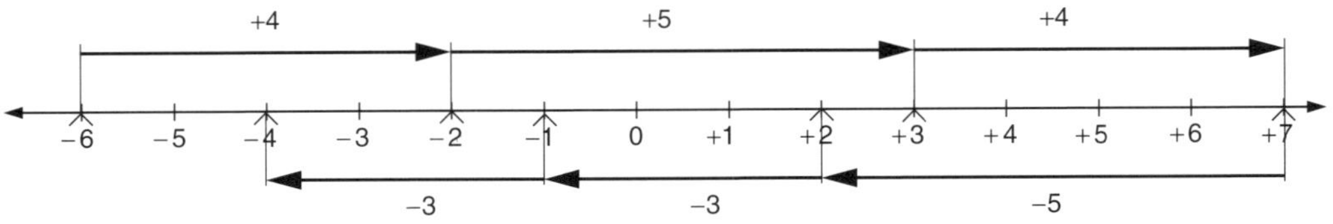

285 a)

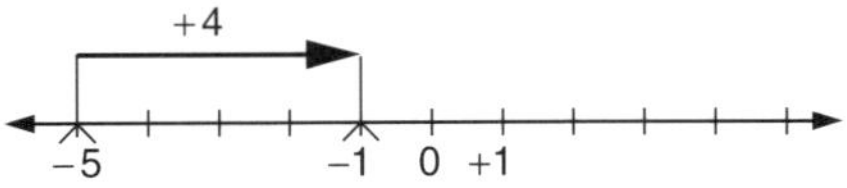

b)

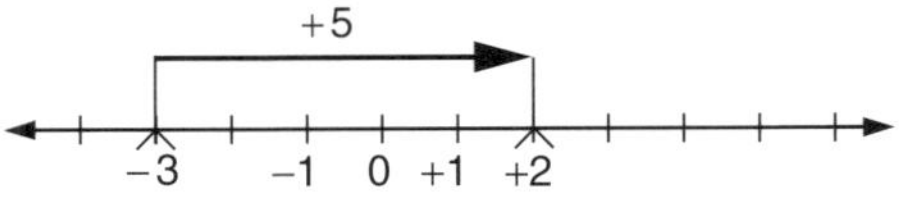

c)

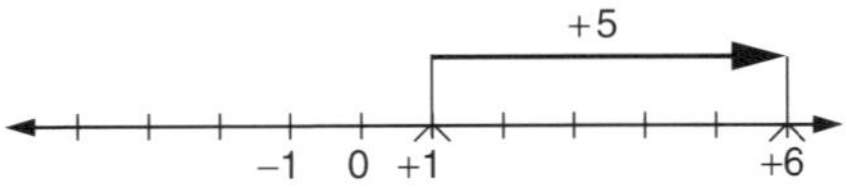

d)

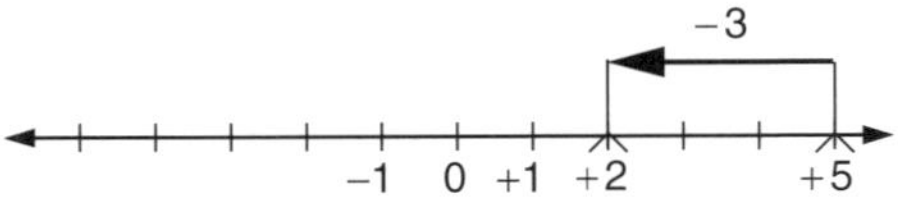

e)

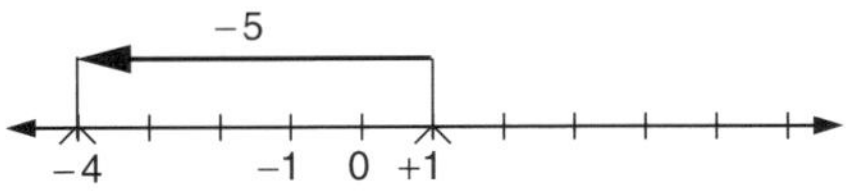

f)

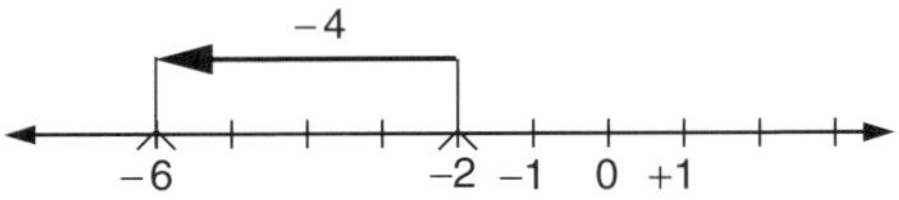

286

	a)	b)	c)	d)	e)	f)
vorher	−12	−6	+4	+9	+1	−5
nachher	−7	+2	+11	+3	−4	−11
Änderung	+5	+8	+7	−6	−5	−6

287

vorher	−12	+36	−8	+22	−24	+16	+15	−7	−9
nachher	−7	+24	+9	+36	−13	−3	+3	+16	−23
Änderung	+5	−12	+17	+14	+11	−19	−12	+23	−14

288 +5 °C

289 80 cm

290 −1 200 €

291

	a)	b)	c)	d)	e)	f)	g)
alter Zustand	+5 °	−2 °	+14 °	+40 cm	+50 cm	+780 €	−2 220 €
neuer Zustand	−4 °	+5 °	+5 °	+190 cm	−30 cm	−720 €	+180 €
Änderung	−9 °	+7 °	−9 °	+150 cm	−80 cm	−1 500 €	+2 400 €

292 a) −6 b) +5 c) −13 d) +8 e) +11 f) −2 g) −5 h) −8
i) −4 j) −7 k) −1 l) +11 m) +4 n) −5 o) −11 p) −4
q) +5 r) −5 s) +12 t) −12 u) +5 v) −11 w) +5 x) +11

293 a) −4 °C, −3 °C, +2 °C, +3 °C, +4 °C b) −7 °C, −5 °C, −2 °C, +3 °C, +8 °C

294 a) −532 €, −347 €, +453 €, +742 € b) −2530 €, −2350 €, +3520 €, +5320 €

295

−8 °C	−5 °C	−4 °C	−2 °C	0 °C	+1 °C	+3 °C	+6 °C	+7 °C	+9 °C

296 a) > b) > c) > d) < e) < f) < g) > h) < i) > j) > k) > l) >

297 a) < b) < c) > d) > e) > f) < g) > h) < i) < j) < k) < l) <

298 a) > b) > c) > d) < e) > f) < g) < h) < i) > j) > k) < l) >

299 a) $-5{,}4 < -3\frac{1}{2} < -2{,}3 < +1\frac{3}{4} < +4{,}8$ b) $-5{,}7 < -4{,}3 < +1\frac{1}{2} < +2\frac{1}{4} < +3{,}6$

300 a) +4, + 5 b) −2, − 1 c) 0, 1 d) −9, − 8

301 a) −81 b) 83 c) 39 d) 7 e) 59 f) 22
g) −59 h) 26 i) −24 j) −23 k) 96 l) −79

302 a) −30 b) −34 c) 23 d) −14 e) −14 f) 24
g) −44 h) 5 i) −17 j) −48 k) −22 l) 34

303 a)

+	+3	+5	−6	−8
+2	+5	+7	−4	−6
−4	−1	+1	−10	−12
+9	+12	+14	+3	+1
−7	−4	−2	−13	−15

b)

+	−33	+39	−37	+35
+12	−21	+51	−25	+47
+18	−15	+57	−19	+53
−16	−49	+23	−53	+19
−14	−47	+25	−51	+21

304 a)

−	+3	−9	+4	−5
+8	+5	+17	+4	+13
+5	+2	+14	+1	+10
−6	−9	+3	−10	−1
−7	−10	+2	−11	−2

b)

−	+13	+38	−44	−25
−52	−65	−90	−8	−27
+48	+35	+10	+92	+73
−66	−79	−104	−22	−41
+74	+61	+36	+118	+99

305 a) 35 b) 5 c) 91 d) −92 e) −21 f) 67

306 a)

−1
−7 6
−8 1 5
−6 −2 3 2
+12 −18 +16 −13 +15

b)

1
−18 19
6 −24 43
−13 19 −43 86
+3 −16 +35 −78 +164

307 a) 4 b) 2,6 c) 4,4 d) 1,3 e) 0,2 f) 8,7 g) 3,7 h) 9,3
i) 6,6 j) 8,8 k) 10,6 l) 5,9

308 a) 10 b) 54 c) −10 d) 20 e) 20 f) 52

309 a) 1 b) 2 c) 3

310 a) 189 b) 441 c) 589 d) 405

311 a) 24,1 b) 59,8 c) −8,4 d) 182,3

312 a) 7 297 b) 103,3

313

·	35	94	42	68	57	34	4,8	27,4
24	840	2 256	1 008	1 632	1 368	816	115,2	657,6
136	4 760	12 784	5 712	9 248	7 752	4 624	652,8	3 726,4
33	1 155	3 102	1 386	2 244	1 881	1 122	158,4	904,2
256	8 960	24 064	10 752	17 408	14 592	8 704	1 228,8	7 014,4
28	980	2 632	1 176	1 904	1 596	952	134,4	767,2
376	13160	35 344	15 792	25 568	21 432	12 784	1 804,8	10 302,4
12,5	437,5	1 175	525	850	712,5	425	60	342,5

314

:	3,8	4,8	16,5	0,87	43,2
12,6	3,316	2,625	0,763	14,482	0,292
33,4	8,789	6,958	2,024	38,391	0,773
10,85	2,855	2,260	0,658	12,471	0,251
165,7	43,605	34,521	10,042	190,460	3,836
65,3	17,184	13,604	3,958	75,057	1,512

315 a) 121, 240 b) −35, $-2\frac{18}{23}$ c) 38, 1 512 d) 38, $13\frac{1}{12}$

316 a) 1,625 b) 2,3 c) −0,534 d) 0,75 e) $1\frac{49}{90}$ f) 1,775
g) $-\frac{11}{18}$ h) $4\frac{13}{18}$

317 a) −72 b) −120 c) −25,2 d) −3

318 a) 39 b) −85 c) −312 d) 2 686 e) −90 f) −98
g) 1 224 h) 0 i) −144 j) 64 k) −490 l) −2 964

319 a) 12 b) −35 c) −18 d) 48 e) −12 f) 35
g) 18 h) −48 i) −12 j) 35 k) −18 l) 48

320 a) 460 b) −2 280 c) 3 150 d) −5 200 e) 1 380 f) −2 160
g) −3 320 h) 3 240 i) −6 370 j) 3 400 k) −2 100 l) 6 080

321 a) −6 460 b) 1 634 c) 900 d) 666 e) 627 f) −378
g) 3 724 h) −1 242 i) 3 102 j) −1 800 k) −2 072 l) 2 628

322 a) 14,07 b) 325,6 c) −20,16 d) −232,2 e) −413,4 f) −254,6
g) 110,4 h) 4,62 i) −331,2 j) −66,24 k) −142,5 l) 310,2

323 a) $\frac{1}{3}$ b) $\frac{1}{20}$ c) $-\frac{5}{16}$ d) $-\frac{1}{10}$ e) $-\frac{1}{4}$ f) $\frac{3}{8}$
g) $\frac{3}{8}$ h) $\frac{1}{2}$ i) $-\frac{1}{4}$ j) $-\frac{3}{14}$ k) $-\frac{7}{16}$ l) $\frac{2}{3}$

324 a) −0,06 b) 0,18 c) −0,32 d) 0,18 e) 0,42 f) 0,63
g) −0,3 h) −0,63 i) −0,49 j) −0,2 k) 0,12 l) 0,64

325 a)

	0,10773	
	−0,63	−0,171
−1,4	0,45	−0,38

b)

	492544	
	−592	−832
+37	−16	+52

c)

	$-\frac{1}{7}$	
	$+\frac{1}{2}$	$-\frac{2}{7}$
$-\frac{7}{8}$	$-\frac{4}{7}$	$+\frac{1}{2}$

326 a) $-3\frac{3}{8}$ b) $5\frac{23}{24}$ c) $3\frac{24}{25}$ d) $21\frac{1}{12}$ e) $-3\frac{3}{4}$ f) $-55\frac{1}{10}$ g) $10\frac{1}{4}$

327 a)

·	+13	−19	+14	−15	+12	−16
+9	117	−171	126	−135	108	−144

b)

·	−3,6	+5,9	−6,2	+7,8	−8,4	+2,3
−1,6	5,76	−9,44	9,92	−12,48	13,44	−3,68

c)

·	+56	−38	+88	−94	+73	−45
+27	1 512	−1 026	2 376	−2 538	1 971	−1 215

328 a) 6 b) −3 c) −8 d) 3 e) −6 f) −3
g) −8 h) −3 i) −6 j) 3 k) 8 l) 3
m) 6 n) 3 o) 4 p) −3

329 a) 8,5 b) −5,2 c) −12,6 d) 6,75 e) 6,2 f) −21,5
g) 9,5 h) 11,5 i) 29,5 j) −27,25 k) −39,125 l) 33,5

330 a) $\frac{4}{5}$ b) $\frac{3}{8}$ c) −2 d) $-9\frac{1}{5}$ e) $-1\frac{1}{5}$ f) $\frac{9}{14}$
g) 22 h) $17\frac{1}{4}$ i) $\frac{2}{3}$ j) $-\frac{4}{5}$ k) $-14\frac{2}{3}$ l) $1\frac{25}{26}$

331 a) −350 b) 1 300 c) 450 d) −1 900 e) $-28\frac{4}{7}$ f) −1 110 g) −7 000 h) 6 300 i) −2 300

332 a) −27 = −27 b) −4 = −4

333 a) −2, −2 b) 40, 40 c) −3, −3 d) 36, 36 e) −4, −4 f) 5, 5

334 a) $3^4 = 81$ b) $1^7 = 1$ c) $8^3 = 512$ d) $4^3 = 64$ e) $2^6 = 64$ f) $13^2 = 169$

335 a) 32 b) 2 401 c) 10 000 d) 64 e) 0,008
f) 100 000 000 g) 27 h) 729 i) 1 000 000 j) 1
k) 8 000 l) 4 000 000 m) 625 n) 64 o) 100
p) 36 q) 8 r) 64 000 000

336

n	2	3	4	5	6	7	8	9	10	11	12	13	14	15
n^2	4	9	16	25	36	49	64	81	100	121	144	169	196	225

337 a) 6, 8 b) 8, 16 c) 15, 125 d) 24, 1 296 e) 8, 9 f) 1, 10

338 a) 10 b) 100 c) 1 000 d) 10 000 e) 100 000 f) 1 000 000
g) 10 000 000 h) 100 000 000 i) 1 000 000 000

339 a) 10^2 b) 10^3 c) 10^5 d) 10^6 e) 10^7 f) 10^9

340 a) 24 b) 9604 c) 28 d) 1048 e) 48 f) 72
g) 4 h) 19 i) 150 j) 512 k) 0 l) 132

341 a) $5^2 = 25$ b) 144 c) 5 000 d) 27 e) 16
f) 10 000 000 000 g) 2250 h) 1 i) 100 000 j) 1296
k) 32 l) 125

342 a) a^2 b) x^5 c) m^4 d) c^5 e) b^3 f) y^4 g) n^3 h) z^2

343 a) $6a^2$ b) a^2b^2 c) $10a^3b$ d) $12fg^2$ e) $8b^3$ f) m^2n^3
g) $6x^3y^2$ h) $6y^2z^3$ i) $4 \cdot c^4$ j) x^3y^2 k) $5m^3n^2$ l) $42a^2b^2$

344 a) 3 000 b) 60 000 c) 1 200 d) 800 000 000
e) 400 000 f) 7 000 000 g) 2 500 000 h) 1 000

345 a) 10^4 b) 10^5 c) 10^6 d) $24 \cdot 10^4$
e) $8 \cdot 10^3$ f) $6 \cdot 10^4$ g) $37 \cdot 10^5$ h) $125 \cdot 10^4$

346 a) 16 b) −64 c) −1 d) 1 000 000 e) −32 f) 16 g) 1 h) −1 000

347 $-2 = (6 - 4) : (4 - 6) + (3 - 1) : (1 - 3)$
$-5 = (6 - 4) : (4 - 6) + (3 - 1) \cdot (1 - 3)$
$+8 = (-6) \cdot (-4) + (+4) \cdot (-3) + (-1)(1 + 3)$
$+10 = (-6) \cdot (-4) - (+6) \cdot (+3) + (+4)$
$-1 = (6 - 4) : (4 - 6) + (-3 + 1) + (3 - 1)$

348 56

349 Die Fläche Mexikos ist 23-mal so groß wie die Fläche Österreichs.

350 −133 °Celsius

351

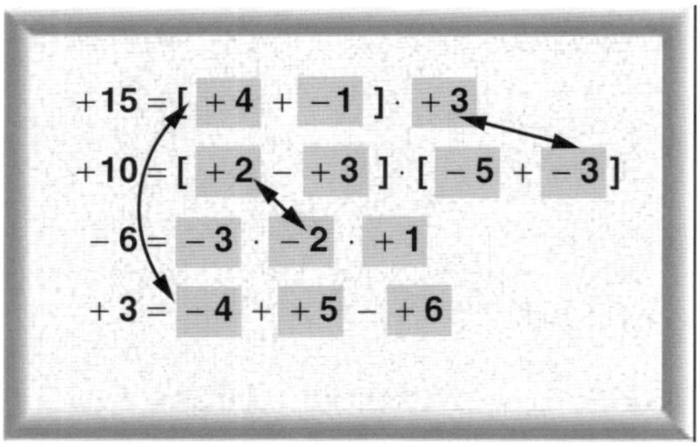

352 linke Spalte: (+3,4), (−9), (+1), (−7,7), (+1,5), (+3,3), (+0,5), (+6,6), (+9,8), (−1,4)
rechte Spalte: (−10,5), (+7), (−6,2), (−4), (+0,5), (−18), 0, (−1), (−15,4), (+16,2)

353 a) 415 m b) 443 m c) 452 m

354 —

355

1	$\dfrac{(+4\frac{3}{8})\cdot(-2\frac{4}{5})}{(-8\frac{2}{3})-(-1\frac{1}{2})} = \dfrac{(+\frac{35}{8})\cdot(-\frac{14}{5})}{(-\frac{26}{3})-(-\frac{3}{2})} =$
2	$= \dfrac{-\frac{35\cdot 14}{8\cdot 5}}{-\frac{52}{6}+\frac{9}{6}} = \dfrac{-\frac{7\cdot 7}{4\cdot 1}}{-\frac{43}{6}} =$
3	$= (-\frac{49}{4}):(-\frac{43}{6}) = (-\frac{49}{4})\cdot(-\frac{6}{43}) =$
4	$= \dfrac{49\cdot 6}{4\cdot 43} = \dfrac{147}{86} = 1\frac{61}{86}$

356 Knacknuss 1… $2^5 = 32$
Knacknuss 2… $5^2 + 13 = 38$
Knacknuss 3… $(12-8)^2 = 16$ oder $(8-12)^2 = 16$
Knacknuss 4… $(8-4)^2 + (5-3)^2 = 20$ oder $(4-8)^2 + (3-5)^2 = 20$ oder
$(8-4)^2 + (3-5)^2 = 20$ oder $(4-8)^2 + (5-3)^2 = 20$

357 954

358 Partner 1: ③ = ② = ⑤ = ① = ④ Partner 2: ③ = ② = ⑤ = ④ = ①

359 a) 200 000 000 000 b) $1{,}2 \cdot 10^{10}$ c) $8{,}784 \cdot 10^3$ d) $3{,}1622400 \cdot 10^7$
e) $3{,}794688 \cdot 10^{13}$ f) $2{,}88 \cdot 10^7$ g) $1{,}496 \cdot 10^8$ h) $1{,}139 \cdot 10^2$

360 $2 \cdot x + 3$, $4 - 3x$, $2{,}8 + 1{,}8x$, $7a + 8$, $3 - 2b$

361 a) $\frac{3\cdot 4+5}{0}$, $\frac{2x}{3-3}$, 4x+, 2b :, 9+ b) 2), 4), 5) und 8) sind keine Terme

362 a) 3, 4, 5, 6, 7 b) 10, 11, 12, 13, 14 c) 2, 4, 6, 8, 10
d) 1,5, 3, 4,5, 6, 7,5 e) 6, 8, 10, 12, 14 f) –5, 0, 5, 10, 15

363

	n · n – 6 · n	berechneter Term
0	0 · 0 – 6 · 0	0
1	1 · 1 – 6 · 1	–5
2	2 · 2 – 6 · 2	–8
3	3 · 3 – 6 · 3	–9
4	4 · 4 – 6 · 4	–8
5	5 · 5 – 6 · 5	–5
6	6 · 6 – 6 · 6	0
7	7 · 7 – 6 · 7	7
8	8 · 8 – 6 · 8	16
9	9 · 9 – 6 · 9	27
10	10 · 10 – 6 · 10	40

364

Wertetabellen									
x	x + 9	2 · x + 9	3 · x + 9	x − 10	4 · x − 10	7 · x − 10	x − 1 000	5 · x − 1 000	10 · x − 1 000
10	19	29	39	0	30	60	−990	−950	−900
20	29	49	69	10	70	130	−980	−900	−800
30	39	69	99	20	110	200	−970	−850	−700
50	59	109	159	40	190	340	−950	−750	−500
100	109	209	309	90	390	690	−900	−500	0

365

	x	0	−1	−2	−3	−5	−10
a)	x − 1	−1	−2	−3	−4	−6	−11
b)	x − 5	−5	−6	−7	−8	−10	−15
c)	x + 3	3	2	1	0	−2	−7
d)	5 + x	5	4	3	2	0	−5
e)	10 + x	10	9	8	7	5	0
f)	10 − x	10	11	12	13	15	20
g)	2 · x	0	−2	−4	−6	−10	−20
h)	2 · x + 9	9	7	5	3	−1	−11
i)	2x − 10	−10	−12	−14	−16	−20	−30

366

	x	0	1	3	5	8	10
a)	x + 3	3	4	6	8	11	13
b)	x + 5, 5	5, 5	6, 5	8, 5	10, 5	13, 5	15, 5
c)	x − 7	−7	−6	−4	−2	1	3
d)	12, 5 + x	12, 5	13, 5	15, 5	17, 5	20, 5	22, 5
e)	x − 10, 5	−10, 5	−9, 5	−7, 5	−5, 5	−2, 5	−0, 5

367 a) 76, 2 b) −24, 5

368 a) $x + 100$ b) $10 - 8a$ c) $(a + b) : 5$ d) $\frac{y}{4} + 12$

369 a) $3x + 4y$ b) $8x$

370 a) 4 b) 34

371

eingesetzte Zahl	a)	b)	c)	d)
2	$\frac{9}{5} = 1{,}8$	$\frac{19}{5} = 9{,}5$	10,5	$-\frac{3}{5} = -0{,}6$
−3	$-\frac{21}{5} = -4{,}2$	$-\frac{57}{4} = -14{,}25$	3	$-\frac{108}{5} = -21{,}6$
−5	$-\frac{33}{5} = -6{,}6$	$-\frac{95}{4} = -23{,}75$	0	−30
8	9	38	19,5	$\frac{123}{5} = 24{,}6$

372 a) 0 b) 4 c) 1 d) −5 e) 0 f) −1 Der TR zeigt an: Error

373 a) $\frac{3}{2}$ b) 0 c) $-\frac{2}{3}$ d) −3 e) $\frac{5}{4}$

374 a) 0 b) 1 c) −4 d) $3\frac{1}{2}$ e) 1

375 a) $2x$ b) $4s$ c) $3e$ d) $4k$ e) $5h$ f) $2m$

376 a) $7x$ b) $4a$ c) $14y$ d) $17u$ e) $2v$ f) $16w$

377 a) $-2m$ b) $-6y$ c) $-6z$ d) $-3c$ e) $-4x$ f) $-2b$

378 a) $4x + 2y$ b) $3m + 3n$ c) $s + 4t$ d) $3a + 4b$

379 a) $7x + 3y$ b) $16 + 8m$ c) $6r$ d) $-7s - t$

380 a) $7x + 10y + 7z$ b) $5x + 8y + 3$ c) $-3e - 4f - 4g$ d) $6m + n - 3$ e) $-5r - 3s - 6t$ f) $-1{,}1a - 11{,}3b$

381 a) $6{,}7x$ b) $2y$ c) $2{,}2z$ d) $5{,}1t$ e) $10{,}6s$ f) $1{,}6r$

382 a) $-0{,}7p$ b) $-1{,}2m$ c) $-0{,}9n$ d) $-1{,}15t$ e) $-0{,}5x$ f) $-1{,}2a$

383 a) $7{,}6x$ b) $8r$ c) $14{,}9s$ d) $-1{,}5y$

384 a) $8x + 9$ b) $7x + 14$ c) $9x + 10$ d) $8x - 8$

385 a) $18 - 4a$ b) $15 + 2a$ c) $-2a + 2$ d) $8a - 18$

386 a) $-3a + 2b$ b) $6x - 6y$ c) $-7v + 8w$ d) $r - 2s$

387 a) $3y - 5x$ b) $13r + 36s$ c) $-5s - 5$ d) $a - 23b$

388 a) $5a - 4$ b) $y + z$ c) $6r + 2s + 1$ d) $-e + 7f - 11$

389 a) $a + b + c$ b) $4a$ c) $2r + s + t$

390 a) $80x$ b) $-12y$ c) $13{,}8z$ d) $-4{,}2r$

391 a) $4{,}4r$ b) $1{,}32s$ c) $3{,}21t$ d) $0{,}3u$ e) $-2{,}53v$ f) $1{,}14w$

392 a) $7{,}2a$ b) $-0{,}2b$ c) $-3{,}8c$ d) $15{,}5d$

393 a) $1\frac{3}{4}a$ b) b c) $2\frac{3}{5}c$ d) $4\frac{4}{7}d$ e) $-\frac{1}{3}e$ f) $-\frac{4}{5}f$

394 a) $1\frac{4}{15}x$ b) $1\frac{1}{6}y$ c) $2\frac{3}{20}z$ d) $-1\frac{2}{3}m$ e) $\frac{1}{30}h$ f) $-1\frac{1}{10}n$

395 a) $3{,}1x - 2{,}2y - 1{,}1z$ b) $10{,}9r + 5{,}1s - 0{,}6t$ c) $2{,}33a - 3{,}1b + 2{,}05c$

396 a) $10e + 3f - 2g$ b) $5x + 19z$

397 a) $1{,}9c - 1{,}3d + 1$ b) $8{,}5r - 2{,}3s - 5{,}1t$

398 a) $1\frac{4}{5}t$ b) $8\frac{5}{8}x$

399 a) $1\frac{5}{12}y$ b) $2\frac{1}{12}z$

400 a) $\frac{1}{12}x$ b) $2\frac{7}{30}y$ c) $\frac{7}{8}z$

401 a) $1\frac{7}{12}a + 1\frac{13}{20}f$ b) $\frac{1}{10}r + \frac{1}{8}s$

402 a) $15x + 4y - 7z$ b) $3r + 14s + 4$

403 a) $1\frac{4}{15}a - q + 1$ b) $\frac{9}{10}x - 1\frac{4}{15}y$

404 a) $-a - 2{,}3b$ b) $\frac{1}{8}r + 1\frac{1}{10}s$ c) $-0{,}05x - 1{,}08y$ d) $0 \cdot c - d = -d$

405 a) $40x$ b) $36y$ c) $14z$ d) $10a$ e) $18a$ f) $5b$

406 a) 14ab b) 40cd c) 30ef d) 20gh e) 12rs f) 56tu

407 a) 45rs b) 28ab c) 40uvw d) 24ghi e) 13,5xy f) 300bc

408 a) 8x b) 16v c) 4a d) 40s e) 2b f) 3u

409 a) −15xy b) −18ab c) 12cd d) −4rs e) −25ef f) −12xyz

410 a) 0,6ab b) cd c) 3,5xy d) 3e e) 4rs f) $\frac{2}{15} s \cdot t$

411 a) −32abc b) 2stu c) −6xyz d) 32 bcd e) 0 f) 0

412 a) 28ab b) 13cd c) 18mn d) −4r e) 9c f) 23st

413 a) −6ab b) −41x c) 4rs d) −82pq e) −87h f) −29mn

414 a) $u = 2(x + y), A = xy$ b) $u = 2(2r + 3s), A = 6rs$ c) $u = 2(5t + 2s), A = 10st$
d) $u = 2(a + 3b), A = 3ab$ e) $u = 2(5a + 2b), A = 10ab$ f) $u = 2(8y + 5z), A = 40yz$
g) $u = 2(10e + 7f), A = 70ef$ h) $u = 2(14c + 10d), A = 140cd$

415 a) −40rst b) −40mnpq c) 0,7abcd d) 1,62xyz

416 a) 7,8ab b) 0

417 a) −17mn b) 19ef

418 a) Der Flächeninhalt verdoppelt sich. b) Der Flächeninhalt verdoppelt sich.
c) Der Flächeninhalt wird vervierfacht. d) Der Flächeninhalt ändert sich nicht.
e) Der Flächeninhalt ändert sich nicht.

419 a) $\frac{1}{2}xy$ b) $-\frac{1}{5}cd$

420 a) 5a b) 4b c) 5c d) cd e) 9 f) 9 g) 5 h) $\frac{1}{2}$

421 a) 5y b) 4b c) 4c d) 4r e) 9mn f) 5

422 a) 6v b) 12 c) 2rs d) 5ac e) 9e f) 3b g) 9y h) d

423 a) −3a b) 6 c) −4d d) 5 e) $-\frac{1}{2}bc$ f) −4y

424 a) −3v b) 5 c) $\frac{1}{6}ab$ d) −8v e) m f) $-\frac{2}{3}y$

425 a) 17bc b) −16x c) 5rs d) −10x

426 a) $3\frac{1}{2}b$ b) 6s c) 3x d) 0,9m

427 a) b = 5z b) a = 3x c) b = 6s d) a = 11q

428 a) 1) $\frac{1}{2}xy$ 2) $\frac{1}{2}xy$ b) 1) $5\,cm^2$ 2) $5\,cm^2$

429 a) 4g b) 2i c) 10a d) 7 e) 11r + 20
f) 20p + 4q g) $17\frac{1}{2}s - 1{,}5t$ h) −4u + 4,6 i) 0

430 a) 40x b) 36y c) 30ef d) −21s e) 13,5xy f) 24ghi
g) 15 kmn h) 900 bc i) 0 j) 0,5fg k) −xy l) xz

431 a) 15x b) 5 c) 3 d) $-\frac{6}{m}$ e) 0,7x
f) a g) 2x h) $\frac{4}{z \cdot x}$ i) $\frac{4 \cdot m}{n}$ j) 1

432 a) $3x + 20y$ b) $30x$ c) $12x + 12y$ d) 100
e) $-\frac{1}{4}x$ f) $30xy - 8y$ g) 0 h) xy

433 a) $2x$ b) $6k$ c) $5b + 5a$ d) $32x$ e) $-30xy$ f) $7az$

434 a) $3x$ b) $\frac{2}{5}y$ c) $2x + y$ d) $x + 4,7$ e) $8 - 2x$ f) $y - \frac{3}{4}$
g) $3ab$ h) $\frac{x}{z}$ i) x^2

435 a) $17 + x$ b) $3x - 19$ c) $2x - 1$ d) $5x$ e) $-3x$

436 a) $6x$ b) $y + 2x$

437 a) $x + 19$ b) $13 - x$ c) $10 + a$ d) $5 + x$ e) $17 - x$ f) $1 + x$ g) $0,5 - a$ h) $5 - a$

438 a) $2x + y$ b) y c) $-y$ d) $2x - y$ e) $2x - y$ f) $-y$ g) y h) $= 2x + y$

439 a) $5x + 8y$ b) $x + 2y$ c) $x + 8y$ d) $x + 8y$ e) $5x + 8y$ f) $5x + 2y$

440 a) $2x + 8$ b) $5x + 10$ c) $8x - 9$ d) $3x - 1$

441 a) $-2a + 10b$ b) $-a - 2b$ c) $4a + b$ d) $4a + 3b$

442 a) $3 + 2x$ b) $10x - 6$

443 a) $-4a + 12b$ b) $5a - 4b$ c) $2a + 4b$ b) $4b - 2a$

444 a) $4e - 9f$ b) $-x + 5y$ c) $2a - 4b$ d) $-2 - g + 5h$

445 a) $x - 5$ b) $18,5x$ c) $20a + 30$ d) $17y + 11$ e) $-0,75$ f) $-0,2$

446 a) $a - 5$ b) $8 - 1,1b$

447 a) $-11r + 7s$ b) $-13r + s$ c) $12 - 11r - 3s$ d) $4s$

448 a) $5a + b + 1$ b) $4a - 3b - 7$ c) $-4a + 4b$ d) $4 - 5a + 15b$

449 a) $-2e - 3f + 10$ b) $12s + 8t$

450 a) $3x + 10$ b) $-3f - 50$ c) $186x - 59y + 10$
d) $-3 - 38m - 2n$ e) $-1,2c - 1,3d$ f) 0

451 a) $5x + 2y$ b) $5a + 17$ c) $4r + 3$ d) $28 - 5x$

452 a) $-9a$ b) $5b - 4a$

453 a) $12a + 2b - 17c$ b) $a + 2b$

454 a) -3 b) $-7x - 10y + 11z$

455 a) $-5a + 9b - 6c$ b) $7a - 14b$

456 a) $-3 - 7x + 6y$ b) $9x - 6y - 2a + 7b - 9$

457 a) $15a + 10b$ b) $12c + 15d$ c) $16e - 4f$ d) $4g - 28h$
e) $4a + ab$ f) $7x - xy$ g) $7c + 28$ h) $3f - fg$

458 a) $10s - 15t$ b) $72m - 18n$ c) $40u - 8v$ d) $12a - 4$
e) $21b - 28a$ f) $12c - 3a$ g) $-4a - 14c$ h) $-a - b$

459 a) $3a + 3b + 3c$ b) $8x - 20y + 12z$ c) $1,5e + 1,5f - 1,5g$
d) $30a - 40b + 10c$ e) $28m + 14n - 42p$ f) $54m - 45a + 27x$

460 a) $2ax - 4bx + 2cx$ b) $3sy - 2ty + 5ry$ c) $6xd - 5yd + 7zd$ d) $15pq - 5pr + 20ps$ e) $8us + 10vs - 2ps$ f) $16c - 8ac + 20bc$

461 a) $5x + 7$ b) $7y - 15$ c) $17a - 7b$ d) $15a - 6$ e) $5x$ f) $15x - 6y$

462 a) $22r - 13s$ b) $-6x - 15y$ c) $19s$ d) $44e - 12f$

463 a) $13c - 16d$ b) $7a - 14c$

464 a) $12b - 17a$ b) $13s + 11t$

465 a) $15x + y - 30z + 16$ b) $2x + 7y + 7z$

466 a) $-7r - 6s + t$ b) $16r - 32s - 2t$

467 a) $8a + 12b$ b) $36x + 3y$

468 a) $4e + 34f$ b) $-26a + 22b - 23c$

469 a) $28x - 28y$ b) $4b - 6a$

470 a) $-42a - 27b$ b) $90x - 50$

471 a) $60g - 32h$ b) $-10c + 4d$

472 a) $5x + 10$ b) $40 + 8y$ c) $1,5w - 4,5$ d) $45 - 10z$ e) $12b + 48$ f) $6,5 + 6,5a$ g) $2d - 9$ h) $153 - 27p$

473 a) $42x + 22$ b) $14z - 31$ c) $3x - 18$ d) $3ab + 3ac + 3ad$ e) $-3a - 2b - 6c$ f) $g + 5h + 2i$

474 a) $12 + 3s$ b) $8x + 8y$ c) $-v + 6w$ d) $-12ab$

475 a) $12a + 8$ b) $26x + 8$ c) $16y + 40$

476 a) $8x + 12$ b) $12y + 24$

477 a) $3x + 3y$ b) $2y - 10$ c) $xy - x$ d) $2x + 1$ e) $3x + 3$ f) $2x - 1$

478 a) $3^3 = 27$, $3 \cdot 3 = 9$ b) x^4, $4x$ c) $5^2 = 25$, $2 \cdot 5 = 10$ d) a^3, $3a$ e) t^5, $5t$ f) m^2, $2m$

479 a) $4a$ b) a^2 c) $a^2 + 2a$ d) $2a^3$ e) $a^3 + 2a^2$

480 a) $8a^2$ b) $5x^3$ c) $2y^4$ d) $25b^2$ e) $3r^2$ f) $6c^5$ g) $6d^2$ h) $4x^3$

481 a) $4x^2 + x$ b) $2y^2 + 8y$ c) $10x^4 + 2x^3$ d) $7a^3 - 2a^2$ e) $13b^3 + 12b$ f) $11c^3 + c^2$

482 Bei folgenden Termen ist Zusammenfassen unmöglich: a), c), e), g) und h)

483 a) $3x^3 + 3x - 2$ b) $6y^2 + 3y$ c) $8a^2 - a$ d) $3b^2 + 4b + 1$

484 a) $8a^3 + 3a^2 - 11$ b) $-3b^4 + 5$ c) $5c^5 - 2c^3 + 2$ d) $d^4 + 4d^3$

485 a) 45 b) 9 c) 27 d) 15 e) 17 f) 19 g) 137 h) 171

486 a) $3x^3 + x^2 - 4x + 7$ b) $-4y^4 + 11y^3 - 2y$ c) $7y^5 + 3y^3 - 5y$ d) $-x^3 + 10x^2 + 7x$

487 a) $-7a + 8a^2 + 5a^4$ b) $-5 + 7b^2 + 6b^3$ c) $3 + a + 11a^3$ d) $2 - 2b^2 + b^3$

488 a) $5x^2 + 3y^2 - 2xy$ b) $5x^2 - 4y^2$ c) $-6y$ d) $8x^2 + 3y^2 - 8xy$

489 a) a^4b^4 b) $a^2b^2c^2$ c) $4a^2b^2$ d) $x^3y^3z^3$ e) $27x^3$ f) $25x^2y^2z^2$
g) $0{,}25a^2$ h) $\frac{1}{64}r^3s^3$ i) $9b^2$ j) $-x^5$ k) $-64b^3$ l) $16x^4$

490 a) $7x^2$ b) $-6y^2$ c) $10a^3$ d) $7b^4$ e) $12x^2$ f) $-11y^4$

491 a) $3x^3 + 3$ b) $x^2 - 8$ c) $4x^4 + x^2$ d) $4x^2 + y + xy - 7y^2$

492 a) $7a^2b + 10a^2b^2 - 6a^2$ b) $7x^3y - 8y^3$ c) $2c^2d - 4cd^2$ d) $2c + 6ab + 8a^2$

493 a) $4a^3 - 4a^2 - 6b^2 + 3ab$ b) $3x^3 - 2x^2y$
c) $y^3 - y^2 + y - 2$ d) $13a^2b - 7ab^2 - 2a^4$

494 a) a^5 b) x^7 c) y^7 d) z^7 e) r^5 f) b^8 g) 5^5 h) 8^4

495 a) $4r^2$ b) $5x^6$ c) $7y^3$ d) $12m^3$ e) $10z^5$ f) $9f^6$

496 a) $60x^6$ b) $2y^8$ c) $21u^6$ d) $2s^5$ e) $2a^4$ f) $24z^5$

497 a) $6r^3s$ b) $20h^4i^6$ c) $18a^4b^4$ d) $28x^4y^2$ e) $49g^4h^5$ f) r^2s^2

498

Quadrat	a)	b)	c)	d)	e)	f)
Seitenlänge s	3x	y	5z	2r	$\frac{1}{2}w$	7t
Umfang u	12x	4y	20z	8r	2w	28t
Flächeninhalt A	$9x^2$	y^2	$25z^2$	$4r^2$	$\frac{1}{4}w^2$	$49t^2$

499 a) x^4 b) x c) y^3 d) y^4 e) 100 f) 256 g) 8 h) 216

500 a) 2r b) $4s^2$ c) $4a^2$ d) $2t^2$ e) x^3 f) 9y

501 a) 3y b) 2s c) 7ab d) 5ab e) 3uv f) $5x^2$

502 a) $5x^2$ b) $3x^2y^2$ c) $7g^2h$ d) 2rs e) $5f^2$ f) $3b^4$

503 a) 5y b) 5a c) 3r d) 4 e) t f) 5n

504 a) $-6ab$ b) 2xy c) $-2c^3$ d) $-4a^6$ e) $-12xy^2$ f) $-5c^8$

505 a) 12abc b) $-600xyz$ c) $-70a^8$ d) $-28x^7$

506 a) $9r^3$ b) $48s^3$ c) $8t^3$ d) $225u^4$ e) $16v^4$ f) $36w^5$

507 a) $2r^3$ b) $5a^7$ c) $10x^4$ d) $11y^5$ e) $20s^5$ f) $3y^3$

508 a) $10b^4$ b) $6b^4 + 8b^7$ c) $16y^6 - 8y^5$ d) 0 e) a^4 f) $21a^6 - 6a^4$

509 a) -3 b) $-6s^2$ c) $-3x^3$ d) -3 e) $-4ab$ f) $-8fg^2$

510 a) $-4g^2h^2$ b) $-u^2z$ c) $-9x^3$ d) a^4b^2 e) $-3xy^2z$ f) $-11s^2t$

511 a) 1 b) 1 c) 1 d) 1 e) 1 f) 1 g) 1 h) 1

512 a) $5x^2 + 3x$ b) $3a^2 - 5b^2$ c) $3b^2 - 2$ d) $3y + 12x$

513 a) 7x b) $3a^3$ c) 4a d) 2xy

514 a) $-x^2 - 6x$ b) $13x^2 + 10x$ c) $-8x^3 - 15x$ d) $8x^3 - 4x$

515 a) $2a^3$ b) $3a^5$ c) $6a^4 + a^3$ d) $3a^4 - 7a^3$

516 a) $a^3 + 5b^3$ b) $20a^2 - 8ab - 2b^2$

517 a) $-4x^5 + 2x^4 + 2x^3 + 2x$ b) $x^5 - 7x^4 + 3x^3 - 4x^2$

518 a) b^2 b) 0

519 a) $3a^2 - 4a + 2$ b) $-4a^3b^2 + 3ab$ c) $5ab^3 - 3b + 7a^3b^4$ d) $-3a^4 - 1$

520 a) $-3xy^2z$ b) a^2b c) $19y$ d) $2ab$

521 a) $x^3\ (x \neq 0)$ b) $2\ (y \neq 0)$ c) $\frac{1}{12}\ (z \neq 0)$ d) $\frac{r}{5s}\ (r \neq 0, s \neq 0)$ e) $4tr\ (t \neq 0)$

522 a) $\frac{3}{2}\ (a \neq 0)$ b) $\frac{x^2}{25}\ (x \neq 0)$ c) $\frac{5r}{6}\ (s \neq 0)$ d) $\frac{3b}{10}\ (a \neq 0)$ e) $4\ (b \neq 0)$

523 a) $\frac{a}{8}\ (a \neq 0, b \neq 0)$ b) $\frac{4x}{5}\ (x \neq 0)$ c) $\frac{2x}{3y}\ (x \neq 0, y \neq 0)$ d) $\frac{3s^3}{2}\ (s \neq 0)$ e) $\frac{7u}{2}\ (u \neq 0)$

524 a) $a \cdot c + a \cdot d + b \cdot c + b \cdot d$ b) $a \cdot c - a \cdot d + b \cdot c - b \cdot d$
c) $a \cdot c + a \cdot d - b \cdot c - b \cdot d$ d) $a \cdot c - a \cdot d - b \cdot c + b \cdot d$

525 a) $a^2 + 5a + 6$ b) $x^2 - 3x - 10$ c) $-b^2 + b + 20$
d) $y^2 + 7y + 12$ e) $c^2 - 2c - 8$ f) $z^2 - 3z + 2$

526 a) $2a^2 - 5a - 12$ b) $5b^2 - 3b - 8$ c) $6c^2 - 16c - 6$
d) $3a^2 + 7ab + 2b^2$ e) $12r^2 - rs - s^2$ f) $4m^2 - 5mn + n^2$

527 a) $12ac - 21ad + 8bc - 14bd$ b) $6eg - 9eh - 10fg + 15fh$
c) $15rx + 10sx - 24ry - 16sy$ d) $8wx - 6xz - 16wy + 12yz$
e) $32sx - 40sy + 8tx - 10ty$ f) $2sx + 2tx + 5sy + 5ty$

528 a) $4a^3 + a^2 + 8a + 2$ b) $8r^3 + 10r^2 - 3r$ c) $4x^4 - 10x^3 - 6x^2 + 15x$
d) $b^4 + b^3 + b^2 + b$ e) $6t^4 - 2t^3 + 24t^2 - 8t$ f) $-10s^2 + 18s + 4$

529 a) $15r^3 + 12r^2 + 10r + 8$ b) $5s^3 + 3s^2 - 14s$ c) $-12y^3 - 5y^2 + 3y$
d) $20t^3 + 9t^2 + t$ e) $4a^3 - 2a^2 - 2a$ f) $6g^4 - 12g^3 + 2g^2 - 4g$

530 a) $2x^2 + 5x - 3$ b) $3x^2 - 17x + 10$ c) $10x^2 - 22x + 4$ d) $-28x^2 - 5x + 12$

531 a) $3x^3 + 11x^2 + 10x$ b) $12x^3 - 9x^2 - 3x$
c) $5x^4 - 2x^3 + 35x^2 - 14x$ d) $3x^4 - 6x^3 - 6x^2 + 12x$

532 a) $A = (e + f) \cdot (g + h)$ b) $A = (m - n) \cdot (o + p)$
c) $A = z(x - y)$ d) $A = 2c \cdot (2a + b)$

533 a) $3ax + 6ay + 2bx + 4by + 7cx + 14cy$ b) $8rt - 4ru + 20rv - 6st + 3su - 15sv$
c) $-x^4 + 4x^3 + 7x^2 - 20x - 10$ d) $a^4 + 4a^3 - 3a^2 - 11a + 4$

534 a) $32a^3 - 6$ b) $-x^2 + 12x + 3$ c) $8r^3$ d) $4y^3 - 6y$

535 a) $12a^2 - 5ab - 8b^2$ b) $-6a^2 - 69ab$ c) $-13a^2 + 17ab + 6b^2$ d) $2a^2 - 2ab$

536 a) $-4a - 5$ b) $8b^2 + 18b + 9$ c) $10c + 2$ d) $12d^2 - 8$

537 a) $-20x^3 - 50x^2 - 25x - 10$ b) $-15x^3 - 16x^2 - 9x - 2$
c) $15x^4 - 14x^3 - 3x^2 + 14x - 4$ d) $6x^4 + x^3 - 8x^2 + 4x - 3$
e) $3x^4 - 21x^3 + 22x^2 - 9x + 1$ f) $-6x^4 + 16x^3 + 23x^2 - 22x - 5$

538 a) $6a^3 + 7a^2b - 7ab^2 - 6b^3$ b) $a^3 + b^3$
c) $10a^4 - 9a^3b + 19a^2b^2 - 7ab^3 + 3b^4$ d) $24a^4 + 6a^3b - 17a^2b^2 + 8ab^3 - 5b^4$

539 a) $x^2+2xy+y^2$ b) $a^2-2ab+b^2$ c) x^2+2x+1 d) a^2-4a+4
e) $a^2+2ax+x^2$ f) $s^2-10s+25$ g) $25-10f+f^2$ h) $16+8b+b^2$

540 a) $4d^2+4de+e^2$ b) $f^2-6fg+9g^2$ c) $9m^2-12mn+4n^2$ d) $9a^2+12ab+4b^2$
e) $25x^2-40xy+16y^2$ f) $49b^2+14bc+c^2$ g) $9s^2+24st+16t^2$ h) $49y^2-42yz+9z^2$

541 a) $4x^2+12x+9$ b) $16+24y+9y^2$ c) $49r^2+28r+4$ d) $4s^2+20s+25$
e) $25-10x+x^2$ f) $49a^2-42a+9$ g) $36r^2-48r+16$ h) $9-30y+25y^2$

542 a) a^2-9 b) b^2-1 c) $4-y^2$ d) x^2-y^2 e) r^2-s^2 f) $25-x^2$

543 a) $4a^2-b^2$ b) r^2-25s^2 c) a^2-9b^2 d) $16x^2-y^2$ e) $9c^2-25$ f) $100-d^2$

544 a) $9x^2-4$ b) $16-49t^2$ c) $4y^2-1$ d) $16f^2-25g^2$ e) $9x^2-25y^2$ f) $64m^2-9n^2$

545 a) $25x^2-80xy+64y^2$ b) x^2-9y^2 c) $a^2-20a+100$
d) $1-a^2$ e) $49+42x+9x^2$ f) $36-49a^2$

546 a) x^2+4x+3 b) $y^2-6y+9+6x$ c) $a^2-4ab+b^2$
d) $4a^2+4ab+4b^2$ e) $4cd-2c-d$ f) $c^2-5cd+25d^2$

547 a) $9a^2-12ab+4b^2$ b) $49r^2-28rs+4s^2$ c) $16u^2-24uv+9v^2$ d) $s^2-2st+t^2$
e) $16b^2+8bc+c^2$ f) $25h^2+40hg+16g^2$ g) $4t^2+20st+25s^2$ h) $25x^2+20xy+4y^2$

548 a) $2x^2+50$ b) $10y-5$ c) $2z^2-16z+34$
d) $14a+7$ e) $2b^2-6b+29$ f) $8-4c$

549 a) $9x^4-6x^2+1$ b) y^4+6y^2+9 c) $a^4+6a^3+9a^2$ d) $1-4x^2+4x^4$
e) $c^4+2c^2d^2+d^4$ f) $a^2+2abc+b^2c^2$ g) $x^6-4x^4+4x^2$ h) $1+2y^3+y^6$

550 a) $16x^4-8x^2y^2+y^4$ b) $9-6y^2+y^4$ c) $y^4+10y^2z+25z^2$ d) a^4-6a^2+9
e) $16+8ab+a^2b^2$ f) $25-10cd+c^2d^2$ g) $s^4-2s^2t^3+t^6$ h) $9m^4-6m^2n^2+n^4$

551 a) $(2a+3)^2=4a^2+12a+9$ b) $(4x+7)^2=16x^2+56x+49$ c) $(3y+4)^2=9y^2+24y+16$
d) $(5b-1)^2=25b^2-10b+1$ e) $(3x-5)^2=9x^2-30x+25$ f) $(7a+2)^2=49a^2+28a+4$

552 a) $9r^2-4s^2$ b) $25x^2-9$ c) x^2-16y^2 d) $16c^2-9b^2$ e) x^4-y^2 f) $4a^2-9b^2$

553 a) $3x^2-12x-15$ b) $8x+17$ c) $37x^2+12x-3$ d) $-6x+7$

554 a) $18a^2+12ab$ b) $8b^2-12ab$ c) $32x^2+8x$ d) $8x-2$

555 a) $8xy$ b) $8a^2-58b^2-6ab$
c) $-11{,}5x^2-18xy+15y^2$ d) $8ab+\frac{1}{2}b^2$

556 a) x^2+3y^2 b) $x^2-4xy-y^2$ c) $8xy$
d) xy^2 e) $-2x^2-3y^2$ f) xy^2

557 a) $(a-2)(a+2)$ b) $(a-b)(a+b)$ c) $(3c-4d)(3c+4d)$ d) $(4x-5)(4x+5)$
e) $(3r-7)(3r+7)$ f) $(5-7x)(5+7x)$ g) $(5a-2b)(5a+2b)$ h) $(10x-15)(10x+15)$
i) $(2-8m)(2+8m)$ j) $(9a-8b)(9a+8b)$ k) $(12x-5y)(12x+5y)$ l) $(25-a)(25+a)$

558 a) $(x+5)^2$ b) $(8x-y)^2$ c) $(10+z)^2$ d) $(3a-2b)^2$ e) $(2r+5s)^2$ f) $(7x-2y)^2$

559 a) $4(x+y)$ b) $7(a-b)$ c) $3(b+c)$ d) $6(c+d)$
e) $2(x-2y)$ f) $5(2a+5b)$ g) $7(5b-2)$ h) $8(2c-d)$

560 a) $3ab$ b) $m(4n+5)$ c) $a(3+b)$ d) $x(y-4)$
e) $5a(2b+1)$ f) $7a(3-4b)$ g) $3a(2+3b)$ h) $12bc(a+2)$

561 a) $3(r-1)$ b) $7(m-1)$ c) $2(1+x)$ d) $8(1+y)$
e) $x(x+1)$ f) $y(1-y)$ g) $a(3a+1)$ h) $b(5b-1)$

562 a) $a(a+3)$ b) $x^2(1+x)$ c) $y(5y^2-2)$ d) $p^2(9-4p)$
e) $x(x+1+x^2)$ f) $s(9s^2+1)$ g) $t(t^4-2t^2-1)$ h) $x(x^2+3x-4)$

563 a) $6m^2(2m+1)$ b) $8s(s-3)$ c) $5x(1-2x)$ d) $4a^3(1+2a)$
e) $2x(7x^2-1)$ f) $3b(3b^3+1)$ g) $4y(2-3y^3)$ h) $8p^2(3p^2+1)$

564 a) $4a^2(1-2b)$ b) $cd(9c-1)$ c) $5y(x^2-y)$ d) $5t^3(2s^3-1)$
e) $7x^2(1-y^2)$ f) $2r(r+2s)$ g) $3ab(2b+3a)$ h) $4y^2(x^2-y)$

565 a) $3(a^2-a-1)$ b) $3(3x-4y+1)$ c) $2(6-4b-b^2)$ d) $x(x^2+y-1)$
e) $3u(3u^2+2u+1)$ f) $y(x^2+3x+5y)$ g) $6s^2(3s^2-2s+4)$ h) $2rt(2t+r)$

566 a) $(a-b)(u+v)$ b) $(a+b)(2x-y)$ c) $(m-n)(5r+2)$ d) $(a+2b)(4c-d)$
e) $(e-f)(4x^2+5y^2)$ f) $(5x+2y)(3k+7)$

567 a) $(y+4z)(8r-1)$ b) $(7h-3)(1+7f)$ c) $(5s-3t)(1-u)$ d) $(3a-8b)(11c-1)$

568 a) $(a+b)(4r-5r^2-2)$ b) $(y-z)(x+2x^2-x^3)$ c) $4m(x+2y)$ d) $9b(a+2)$

569 a) $(x+y)(a+b)$ b) $(x-y)(2+z)$ c) $(b+1)(a+1)$ d) $(3-r)(7r+5s)$
e) $(a^2+b^2)(a+4)$ f) $3(3x-5)(3z-1)$

570 a) $x=25$ b) $x=30$ c) $x=16$ d) $x=80$ e) $x=2,5$ f) $x=6,9$ g) $x=3,3$ h) $x=0,5$

571 a) $x=15$ b) $x=12$ c) $x=10$ d) $x=0$ e) $x=7,2$ f) $x=11$ g) $x=1,5$ h) $x=0,7$

572 a) $x=9$ b) $x=1$ c) $x=3$ d) $x=11,5$ e) $x=0$ f) $x=3$ g) $x=-2$ h) $x=-14$

573 a) $x=4$ b) $x=5$ c) $x=5$ d) $x=16,5$ e) $x=0$ f) $x=2$ g) $x=2$ h) $x=8$

574 a) $x=-3$ b) $x=-3$ c) $x=0$ d) $x=12$ e) $x=-1$ f) $x=5$ g) $x=-20$ h) $x=10$

575 a) $x=20$ b) $x=24$ c) $x=45$ d) $x=6$ e) $x=6$ f) $x=18$ g) $x=0,8$ h) $x=7$

576 a) $x=16$ b) $x=10$ c) $x=2$ d) $x=11$ e) $x=5$ f) $x=2$ g) $x=2$ h) $x=5$

577 a) $x=8$ b) $x=7$ c) $x=2$ d) $x=11$ e) $x=1$ f) $x=4$ g) $x=18$ h) $x=5$

578 a) $x=11$ b) $x=-2$ c) $x=10$ d) $x=4$ e) $x=14$ f) $x=10$

579 a) $x=5$ b) $a=1$ c) $y=-2$ d) $b=-3$ e) $v=4$ f) $m=3$

580 a) $x=-5$ b) $x=1$ c) $x=4$ d) $x=0$ e) $x=3$ f) $x=6$

581 a) $x=10$ b) $x=20$ c) $x=3$ d) $x=3$

582 a) $x=-2$ b) $x=-5$ c) $x=2$ d) $x=-1$

583 a) $x=5$ b) $x=10$ c) $x=6$ d) $x=-1$

584 a) $x=1$ b) $x=2$ c) $x=-2$ d) $x=7$

585 a) $x=50$ b) $x=3$ c) $x=18$ d) $x=20$ e) $x=1$ f) $x=1$ g) $x=10$ h) $x=\frac{1}{4}$

586 a) $x=-1$ b) $x=-2$ c) $x=-1$ d) $x=-30$ e) $x=20$ f) $x=-7$ g) $x=-15$ h) $x=-\frac{1}{4}$

587 a) $x=-8$ b) $x=10$ c) $x=13$ d) $x=-5$ e) $x=7$ f) $x=-6$ g) $x=-6$ h) $x=-4$

588 a) $x = 3$ b) $x = 9$ c) $x = 13$ d) $x = 15$ e) $x = 2$ f) $x = 3$ g) $x = 0$ h) $x = 2$

589 a) $x = 1$ b) $x = -5$ c) $x = -1$ d) $x = 3$ e) $x = 5$ f) $x = -33$

590 a) $x = -5$ b) $x = 0$ c) $x = -1$ d) $x = 8$ e) $x = -12,3$ f) $x = 1,7$

591 a) $x = 11$ b) $x = 4{,}8$ c) $x = 12{,}8$ d) $x = 14$

592 a) $v = 4$ b) $x = 4$ c) $x = -2$ d) $v = 6\frac{16}{17}$ e) $x = -1{,}4$ f) $x = 3{,}2$

593 ALGEBRA

594 a) $x = 8$ b) $x = 5$ c) $x = 0$ d) $x = -15$ e) $x = -12$ f) $x = 4$
g) $x = 9$ h) $x = -12$ i) $x = 21$ j) $x = 2\frac{1}{2}$

595 a) $x = 6$ b) $x = 7{,}5$ c) $x = \frac{1}{2}$ d) $x = 4$ e) $x = 12$ f) $x = 6$

596 INSEKTEN

597 a) $x = 40$ b) $x = 36$ c) $x = 120$ d) $x = 18$ e) $x = 12$ f) $x = 2$ g) $x = 30$ h) $x = 7$

598 a) $x = 7$ b) $x = 7$ c) $x = 7$ d) $x = 7$ e) $x = 7$ f) $x = 7$

599 Man erhält durch Zusammenfassen und Umformen $0 = 2$, das ist eine falsche Aussage.

600 a) eine Lösung b) unendlich viele Lösungen c) keine Lösung
d) unendlich viele Lösungen e) eine Lösung f) unendlich viele Lösungen

601 verschiedene Lösungen möglich

602 a) $x = -5$ b) $x = 7$ c) $x = -\frac{1}{2}$ d) $x = -\frac{2}{3}$

603 a) $x = 1$ b) $x = 7$ c) $x = 5\frac{1}{5}$ d) $x = 5$

604 a) $x = 2$ b) $x = 6$ c) $x = 10$ d) $x = 4\frac{1}{3}$

605 a) $x = 20$ b) $x = 2$ c) $x = 1$ d) $x = 18$ e) $x = 1$ f) $x = 9$

606 a) $x = 2$ b) $x = 3$ c) $x = 7$ d) $x = 6$ e) $x = 13$ f) $x = 36$

607 a) $x = 2$ b) $x = 2$ c) $x = 2$ d) $x = 5$ e) $x = 3$ f) $x = -13$

608 a) $x = 1\frac{3}{10}$ b) $x = 3\frac{1}{2}$ c) $x = 5{,}5$ d) $x = 2\frac{1}{10}$ e) $x = \frac{4}{5}$ f) $x = -1$

609 a) $x = 2$ b) $x = 27{,}5$ c) $x = 4$ d) $x = -5$ e) $x = 15$ f) $x = -12$

610 a) $x = 7\frac{1}{2}$ b) $x = 1$ c) $x = 40$ d) $x = 5$ e) $x = 2$ f) $x = 6$

611 a) $x = 1$ b) $a = -2$ c) $y = 3$ d) $b = 5$

612 a) $x = \frac{1}{2}$ b) $x = 3$ c) $x = -4\frac{1}{2}$ d) $x = -11$

613 UMWELTSCHUTZ

614 a) $x = 4$ b) $x = -1$ c) $x = 2$ d) $x = -2$

615 a) $x = 4$ b) $x = 3$ c) $x = 5$ d) $x = 3$

616 a) $x = 5$ b) $x = -4$ c) $x = 4$ d) $x = -6$ e) $x = -2$ f) $x = 7$

617 a) $x = 3$ b) $x = 2\frac{3}{4}$

618 a) $x = 1$ b) $x = 1$

619 a) $x = 14$ b) $x = 5$

620 a) $x = 1$ b) $x = 4$ c) $x = 0$ d) $x = -2$

621 a) $x = 1$ b) $y = 2$ c) $a = 13$ d) $z = -1$

622 a) $x = 1$ b) $x = 2$ c) $x = -11$ d) $x = 4$

623 a) $a = \frac{u}{4}$ b) $a = \frac{u}{3}$ c) (1) $a = \frac{u}{2} - b$ (2) $b = \frac{u}{2} - a$ d) (1) $c = u - 2a$ (2) $a = \frac{u-c}{2}$

624 a) (1) $a = \frac{A}{b}$ (2) $b = \frac{A}{a}$ b) —

625 a) (1) $a = u - b - c$ (2) $b = u - a - c$ (3) $c = u - a - b$ b) $a = \frac{u}{4}$
c) (1) $a = \frac{u}{2} - b$ (2) $b = \frac{u}{2} - a$ d) (1) $a = u - 2 \cdot b - c$ (2) $b = \frac{u-a-c}{2}$

626 a) (1) $G = O - M$ (2) $M = O - G$ b) (1) $G = \frac{3V}{h}$ (2) $h = \frac{3V}{G}$

627 a) (1) $a = \frac{2A}{b}$ (2) $b = \frac{2A}{a}$ b) (1) $e = \frac{2A}{f}$ (2) $f = \frac{2A}{e}$

628 a) (1) $h = \frac{M}{2a+2b}$ (2) $a = \frac{M}{2h} - b$ (3) $b = \frac{M}{2h} - a$

629 a) (1) $a = \frac{V}{b \cdot h}$ (2) $b = \frac{V}{a \cdot h}$ (3) $h = \frac{V}{a \cdot b}$
b) (1) $a = \frac{3V}{b \cdot h}$ (2) $b = \frac{3V}{a \cdot h}$ (3) $h = \frac{3V}{a \cdot b}$

630 a) $k = \frac{100 \cdot Z}{p \cdot t}$, $p = \frac{100 \cdot Z}{k \cdot t}$, $t = \frac{100 \cdot Z}{k \cdot p}$ b) $k = \frac{12 \cdot 100 \cdot Z}{p \cdot m}$, $p = \frac{12 \cdot 100 \cdot Z}{k \cdot m}$, $m = \frac{12 \cdot 100 \cdot Z}{k \cdot p}$
c) $k = \frac{100 \cdot 360 \cdot Z}{p \cdot d}$, $p = \frac{100 \cdot 360 \cdot Z}{k \cdot d}$, $d = \frac{100 \cdot 360 \cdot Z}{k \cdot p}$

631 a) (1) $F = \frac{W}{s}$ (2) $s = \frac{W}{F}$ b) (1) $W = t \cdot P$ (2) $t = \frac{W}{P}$

632 a) (1) $s = t \cdot v$ (2) $t = \frac{s}{v}$ b) (1) $U = I \cdot R$ (2) $R = \frac{U}{I}$

633 (1) $h = \frac{2A}{a+c}$ (2) $a = \frac{2A}{h} - c$ (3) $c = \frac{2A}{h} - a$

634 a) $s = \frac{t}{r}$, $r = \frac{t}{s}$ b) $m = n \cdot x$, $n = \frac{m}{x}$
c) $a = c + b$, $b = a - c$ d) $p = q - r$, $q = r + p$

635 a) $c = a \cdot b - d$, $a = \frac{d+c}{b}$, $b = \frac{d+c}{a}$ b) $c = \frac{d}{a+b}$, $a = \frac{d}{c} - b$, $b = \frac{d}{c} - a$
c) $c = d - a \cdot b$, $a = \frac{d-c}{b}$, $b = \frac{d-c}{a}$

636 a) $x = \frac{-zy}{z-y} = \frac{z \cdot y}{y-z}$ b) $x = \frac{a \cdot b}{a+b}$ c) $x = \frac{-2b}{3-b} = \frac{2b}{b-3}$

637 a) $x = 7a$ b) $x = 7b$ c) $x = -2m$ d) $x = 2y + 5z$

638 a) 16 b) 7 c) 10,7 d) 235 e) 1,8 f) 10,4 g) 4,5

639 a) 16 b) $9\frac{1}{3}$

640 a) 6 b) 64

641 a) 3 b) $1\frac{3}{5}$

642 a) 9 b) 2

643 3

644 24

645 6

646 36

647 a) 56 b) 9

648 a) 12 b) 19

649 a) 1. Zahl: 63, 2. Zahl: 64 b) 1. Summand: 59, 2. Summand: 119

650 a) 1. Zahl: 129, 2. Zahl: 130, 3. Zahl: 131 b) 3

651 a) 20 b) 6

652 Es gibt keine natürliche Zahl.

653 Der Sohn ist 12 Jahre alt, die Mutter ist 36 Jahre alt.

654 Frau Kern ist 40 Jahre alt und ihre Mutter ist 60 Jahre alt.

655 Leopold ist 28 Jahre und seine Schwester ist 18 Jahre alt.

656 Der Vater ist 30 Jahre und sein Sohn ist 10 Jahre alt.

657 Eine Flasche des Getränks kostet 69,5 Cent.

658 Familie Rocco verbrauchte 195 m^3 Wasser.

659 A: 6 895 €, B = 13 790 €, C = 20 685 €, D = 27 580 €

660 a) Bei 25 Bildern sind beide Angebote fast gleich.
b) Bei 24 Aufnahmen ist Angebot 2, bei 36 Aufnahmen Angebot 1 günstiger.

661 Anna: 30 000 €, Stefan: 60 000 €, Claudia: 30 000 €

662 Der Mathematiklehrer ist 48 Jahre alt.

663 a) $s = 9a$, 27 cm, 22,5 cm b) $s = 7a$, 21 cm, 17,5 cm c) $s = 18a$, 54 cm, 45 cm

664 $s = 4a + 2d$, $s = 3a + 2b + 2d$, $s = 7a + 2d$

665 a) $u = 4 \cdot a$ (1) 12 cm (2) 16 cm (3) 19,2 cm
b) $u = 6 \cdot a$ (1) 18 cm (2) 24 cm (3) 28,8 cm
c) $u = 2(a + b)$ (1) 10 cm (2) 15 cm (3) 14,6 cm

666 a) $s = \frac{5}{2}a + \frac{3}{2}b$ (1) 14,5 cm (2) 21,75 cm b) $s = 4a$ (1) 16 cm (2) 24 cm
c) $s = 3a + 2b$ (1) 18 cm (2) 27 cm

667 15 cm

668 $a = \frac{u}{2} - b$, $b = \frac{u}{2} - a$

669 a), b)

a	12 cm	20 cm	26 cm	17,5 cm	30 cm
b	23 cm	15 cm	9 cm	17,5 cm	5 cm
A	276 cm^2	300 cm^2	234 cm^2	306,25 cm^2	150 cm^2

c) Es ist quadratisch.

670 a) 36

b)

Umfang des Parallelogramms	Seite a	Seite b
60 cm	15 cm	15 cm
1 m	27 cm	23 cm
880 m	0,25 km	190 m

671 a) 256 cm^2 b) 25,6 cm

672 a) Der Flächeninhalt wird 4-mal so groß.
b) Der Flächeninhalt wird 9-mal (16-mal, 25-mal, 100-mal) so groß

673 $13{,}\dot{8}$ m/s, $8{,}\dot{3}$ m/s, $27{,}\dot{7}$ m/s, $36{,}\dot{1}$ m/s

674 3h 30 min.

675 a) 8 766 Stunden b) 963 600 000 km

676 96 531 696 km

677 1 155 J

678 7,5 m

679 a) 1 059, 48 J b) 235,44 N

680 a) 49,05 J b) 70 632 Joule. c) 735,75 N d) 96 m

681 a) 4 m b) Nein.

682 a) $P = 0{,}35x + 140$ b) 287 € c) 220 km

683 a) $3x$ b) $2y$ c) $6z$ d) $2 + 2w$ e) $8v - 23$
f) $25x - 5w$ g) $87x + 7$ h) $100 - 100y$ i) $2{,}6k$

684 a) $30x + 19y + 10$ b) $33v - 5w + 10$ c) $96{,}5f + 21g - 100{,}2$
d) $14q - p - 7$ e) $-9y$ f) $19{,}3m - 14{,}2n$

685 a) $3x$ b) $8y$ c) $37v$ d) $90g$ e) $24w$ f) $90x$ g) $11a$ h) $9c$ i) $90v$ j) 6

686 a) $13x + 29$ b) $9x$ c) $0{,}8s - 51{,}5$ d) 50

687 a) $9x$ b) $18 + x$ c) $17 \cdot x$ d) $28 - x$ e) $8x + 2x$ f) $x \cdot x$

688 a) $2x + 3 \cdot 4$ b) $4x(2 + 3)$ c) $4(2x + 3)$ d) $2x + 3 \cdot 4$ e) $2(x - 3) \cdot 4$

689 a) $x = 15$ b) $x = 3{,}5$ c) $x = 23{,}5$ d) $x = 833$ e) $x = 128$ f) $x = 2{,}5$
g) $x = 9$ h) $x = 3$ i) $x = 4$ j) $x = 0{,}2$ k) $x = -7{,}5$ l) $x = 24$
m) $x = 11{,}5$ n) $x = 96$

690 a) $x = -6$ b) $x = 2$ c) $x = 17{,}4$ d) $x = -0{,}275$ e) $x = 5{,}05$ f) $x = 5$
g) $x = 9$ h) $x = 16$

691 a) $x + x + 5 = 81$. Die Mutter ist 38 Jahre alt, der Vater ist 43 Jahre alt.
b) $3x + 19 = 4x - 8$. Die Zahl lautet: 27
c) $x + x + 1 + x + 2 = 372$. Die Zahlen lauten: 123, 124, 125
d) $x + x + 1 = -125$. Die Zahlen lauten: −63, −62
e) $\frac{1}{2}x + \frac{1}{3}x + \frac{1}{4}x = 91$. Die Zahl lautet: 84
f) $2x + 4x + 6x + 8x = 15\,800$. Die Spieler erhalten: 1 580 €, 3 160 €, 4 740 €, 6 320 €

692 a) Verbrauch/Jahr = kWh/h · h/Tag · Tag/Jahr b) Farbfernsehgerät: 9 €
Stereoanlage: 12,6 €
Receiver: 27 €

	Verbrauch pro Tag	Verbrauch pro Jahr
Farbfernsehgerät	0,2 kWh	60 kWh
Stereoanlage	0,28 kWh	84 kWh
Receiver	0,6 kWh	180 kWh

693 a) 160 mm b) $177,\dot{7}$ mm c) 342,9 mm d) 600 mm

694 66 Schüler.

695 $u = 2a + 2b$, $u = a + 2b$, $u = 2a + 2b + 2c$

696 a) 15 cm b) 9,5 cm
c) Die Angaben im Buch legen kein Dreieck fest. d) 13,5 cm

697 a) $A = 6x^2$, $u = 14x$ b) $A = 150\ cm^2$, $u = 70$ cm c) $A = 269{,}34\ cm^2$, $u = 93{,}8$ cm

698 a) 14, 14 b) 18, 18 c) 28, 28 d) 10,4, 10,4 e) 9, 9

699 a) 9a b) 5b c) 13x d) 11y e) 5a f) −3b g) 17y h) 4,1x

700 a) 11a b) 19x c) 50y d) 3b e) 3y f) 21a

701 a) 6a + 9b b) 8a + 5b c) c + 5d d) 10x + 2y e) x + 4y f) 9m − 9n

702 a) 15b + 3a b) 8x + 2y c) 4m − 2n d) 10y + x e) 2a + 3b f) 7e − 5f

703 a) 12a + 9b b) 5a − 15b c) 10m + 9n d) 3x + 20y e) 33x − 2y f) 12e − 11f

704 a) 15a + 5b b) −24a − b c) 28m − 7n d) 7x + 9y e) 8c + 8d f) 3h − 12g

705 a) ab b) −mn c) −qr d) −xy e) −op f) −st
g) −gh h) kl i) −mn

706 a) −6ab b) −28ab c) −32ef d) 6xy e) 5cd f) 9gh

707 a) 12ab b) −15ef c) abc d) 2mn e) 7xy f) −xyz

708 a) −6xy b) 56ab c) abc d) 6xyz e) −4ab f) −12xy

709 a) b^4 b) m^8 c) $6x^3$ d) x^9 e) y^6 f) $8y^6$

710 a) x^5y^3 b) m^5n^3 c) a^7b^4 d) $12m^4n^5$ e) a^3b^3 f) x^6y^8

711 a) x = 8 b) x = 4 c) x = 11 d) x = 5 e) x = 7 f) x = 4 g) x = 11 h) x = 9

712 a) x = 4 b) x = 2 c) x = 6 d) x = 6 e) x = 3 f) x = 8 g) x = 12 h) x = 10

713 a) x = 4 b) x = 8 c) x = 20 d) x = 4 e) x = 3 f) x = 3 g) x = 4 h) x = 3
i) x = 3 j) x = 1 k) x = 6 l) x = 6

714 a) x = 11 b) x = 4 c) $x = -\frac{2}{3}$ d) x = 3 e) x = −3 f) x = 1 g) x = 1 h) x = 7

715 a) x = 4 b) x = 7 c) x = 9 d) x = 6 e) x = 2 f) x = 2 g) x = 3 h) x = 3

716 a) $4a + 4b$ b) $7a - 7b$ c) $-a - b$ d) $5b - 5a$ e) $2x - 2y$ f) $3x + 3y$
g) $2y - 2z$ h) $4u + 4v$ i) $5m + 5n$ j) $6r - 6s$ k) $-3x - 3y$ l) $6b - 6a$

717 a) $ac + bc$ b) $ax - ay$ c) $-ac - bc$ d) $ku + kv$ e) $xz - yz$ f) $ms + mt$
g) $ky - kx$ h) $rs - st$ i) $rt + st$ j) $bx - ax$ k) $xz - yz$ l) $-lm - ln$

718 a) $8a + 12b$ b) $8m + 40n$ c) $4st - rt$ d) $-as - 2at$ e) $8x + 10y$ f) $12x - 3y$
g) $-2xz - yz$ h) $7ac - bc$ i) $6a - 12b$ j) $21k + 14\ell$ k) $4ac - bc$ l) $3xz - yz$

719 a) $8ax + 12ay$ b) $45ar - 36r$ c) $10bc - 6ac$ d) $27ac - 12bc$
e) $8ax - 4bx$ f) $6a + 4ax$ g) $-20xz + 10yz$ h) $20ac - 8ab$
i) $18rt + 12st$ j) $24yz - 28y$ k) $xy + 3xz$ l) $15yz - 10xz$

720 a) $6a + 5b$ b) $8r - 4s$ c) $10m - 8n$ d) $5x + 2y$ e) $a + 3b$ f) $8r - t$

721 a) $52c + 20f$ b) $78c + 30f$ c) $4c - 4f$ d) $4c - 12f$
e) $27c - 3f$ f) $38f$ g) $62c - 26f$ h) $28c - 10f$

722 a) $A = 21$ b) $A = ac + bc$ c) $A = 3a + 3b + 3c$

723 a) $4(a + b)$ b) $3(a - b)$ c) $4(x - 2y)$ d) $4(2a - 3b)$
e) $5(x + y)$ f) $6(n - m)$ g) $3(4a + 5b)$ h) $3(2m + 3n)$

724 a) $b(4a + 1)$ b) $y(x + 3)$ c) $t(2s - 3)$ d) $m(5 - n)$
e) $x(3 - y)$ f) $b(1 - 2a)$ g) $z(y - 4)$ h) $p(2 + o)$

725 a) $4a(2 + b)$ b) $3x(4 - y)$ c) $-4y(2x + 1)$ d) $3(3x - 1)$
e) $2(3x + 2)$ f) $-2m(2n + 3)$ g) $13st(r + 3)$ h) $8a(2b - 1)$

726 a) $a(2a + 3b)$ b) $5st(s - 2t)$ c) $2m(2n - m)$ d) $3ab(3ab - 2)$
e) $4y(x - 2y)$ f) $3b(a + 3b)$ g) $2xy(3xy + 5)$ h) $3xy(4x + 5y)$

727 a) $-x - y$ b) $y - x$ c) $-x - 2$ d) $-3a - b$ e) $-a - b$ f) $a - b$
g) $3 - a$ h) $5y - 4x$ i) $-s - t$ j) $n - m$ k) $-r - 5$ l) $y - 2z$

728 a) $-x - 7$ b) $2x - 9$ c) $11x - 18$ d) $3y - 3$ e) $5 - 2y$ f) $= 2y - 9x$

729 a) $10x - 5$ b) $x - 7y$ c) $8x + 5y$ d) $-4 - 6y$ e) $15y - 5x$ f) $5y + 15$

730 a) $-a - b$ b) $x - y - 3$ c) $2y - 3x$

731 a) $x = 3$ b) $x = -2$ c) $x = 9$ d) $x = 1$ e) $x = 2$ f) $x = 5$

732 a) $x = 1$ b) $x = 2$ c) $z = 1$ d) $x = -\frac{1}{2}$ e) $x = -1$ f) $y = -2$ g) $x = 2$ h) $x = 3\frac{1}{2}$

733 a) $x = -4$ b) $x = 1$ c) $x = -6$ d) $x = 5$

734 a) $x = 2$ b) $x = 2$ c) $x = 5$ d) $x = 2$ e) $x = 3$ f) $x = -13$

735 a) $x = -4$ b) $x = 4$ c) $x = -1\frac{1}{3}$ d) $x = 2$ e) $x = 1$ f) $x = -2$ g) $x = 21$ h) $x = 1$

736 a) $x = 3$ b) $x = 1\frac{4}{19}$

737 a) $ax + ay + bx + by$ b) $km + lm + kn + ln$ c) $rt + ru + st + su$

738 a) $ay + az + by + bz$ b) $4mk - 12m + nk - 3n$ c) $-32ac - 16ad + 28bc + 14bd$
d) $xm + xn + ym + yn$ e) $7ac - 7ad + 6bc - 6bd$ f) $-2ac - 8a + 2bc + 8b$
g) $2ac + 4ad + 2bc + 4bd$ h) $25x - 5xz - 15y + 3yz$ i) $-24x - 12xz + 6y + 3yz$

739 a) $3xz + 6x + 5yz + 10y$ b) $ac - ad + bc - bd$ c) $-9ln - 72l - 8mn - 64m$
d) $ac - ad - bc + bd$ e) $-2gl - 2gm + 4hl + 4hm$ f) $12rt - 42r - 10st + 35s$

740 a) $a^2 + 5a + 6$ b) $x^2 - 3x - 10$ c) $2a^2 - 5a - 12$ d) $-b^2 + b + 20$ e) $y^2 + 7y + 12$
f) $5b^2 - 3b - 8$ g) $c^2 - 2c - 8$ h) $z^2 - 3z + 2$ i) $6c^2 - 18c + cz - 3z$

741 a) $2a^2 + ab - b^2$ b) $6a^2 + ab - b^2$ c) $-a^2 + ab + 2b^2$ d) $x^2 + xy - 2y^2$ e) $4x^2 - 2xy - 2y^2$
f) $-2x^2 - xy + y^2$ g) $2m^2 - nm - n^2$ h) $2r^2 - 4rt + 2t^2$ i) $-m^2 - 3mn - 2n^2$

742 a) $5a^2 + 6ab + b^2$ b) $-x^2 + 5xy - y^2$ c) $2m^2 - 2mn + 3n^2$ d) $14r^2 - rs - 3s^2$

743 a) $x = \frac{2}{5}$ b) $x = -1\frac{1}{3}$ c) $x = -11$ d) $x = 1$

744 a) $x^2 + 2xy + y^2$ b) $x^2 - 2xy + y^2$ c) $2x^2 - 2xy$

745 a)
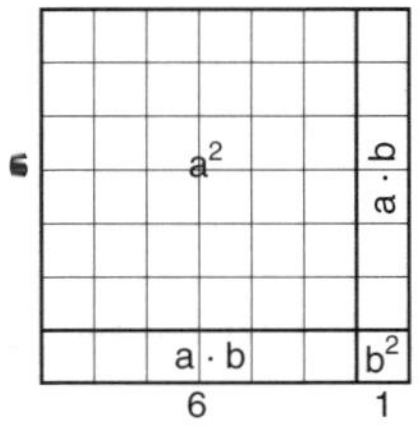

b)
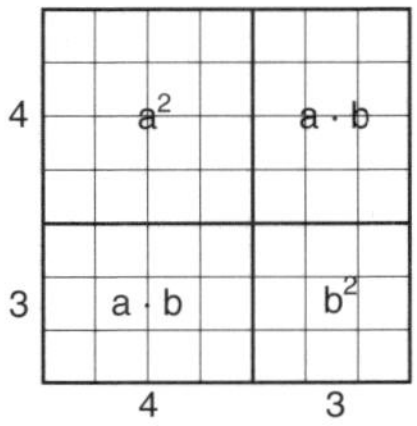

c)
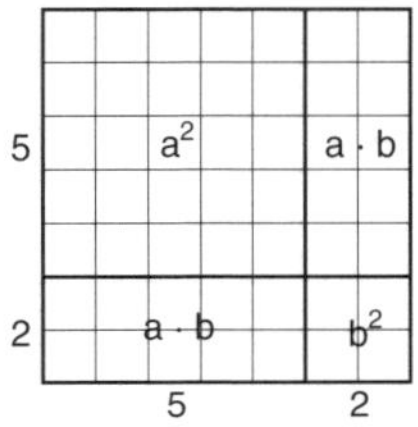

746 a) $4a^2 + 4ab + b^2$ b) $x^2 + 2xy + y^2$ c) $81x^2 + 90xy + 25y^2$
d) $9x^2 + 12xy + 4y^2$ e) $9a^2 - 12ab + 4b^2$ f) $a^2 - 10ab + 25b^2$
g) $x^2 - 2xy + y^2$ h) $m^2 - 4mn + 4n^2$ i) $25a^2 + 30a + 9$
j) $16a^2 - 8ab + b^2$ k) $4x^2 - 4x + 1$ l) $49x^2 - 14xy + y^2$

747 a) $m^2 - n^2$ b) $4a^2 - 9$ c) $9x^2 - 4y^2$ d) $x^2 - 9$ e) $16x^2 - y^2$
f) $4a^2 - 25b^2$ g) $r^2 - s^2$ h) $a^2 - 25b^2$ i) $16v^2 - 9w^2$

748 Skarabäus

749 $13m - 19mn - 33n + 9$ (Im Ergebnis gehört 19 mm statt 11 mm.)

750 0

751 Einstein

752 —

753 415

754 a) 50 b) 140

755 $2a - [3a + 5b - (a + 2b)]$

756 —

757 20, 30, 100, 50, 60

758 Man erhält die Quadrate der ungeraden Zahlen. Diese lassen sich jeweils als Vielfache von 8, erhöht um 1, darstellen.

759 Anzahl der Spiele bei 4 Mannschaften: 6
Anzahl der Spiele bei 5 Mannschaften: 10
allgemein: $\frac{n \cdot (n - 1)}{2}$

760 $\frac{7 - 3x - 5 + x}{2y}$

761 —

762

$4 \cdot (x + y) = 4x + 4y$
$(u - v) \cdot 2 = 2u - 2v$
$6 \cdot (2 - 3x) = 12 - 18x$
$4 \cdot (3a + 7b) = 12a + 28b$
$5 \cdot (4x + 2y) = 20x + 10y$

$3x(2y - 1) = 6xy - 3x$
$(2u - 3v) \cdot (-2) = -4u + 6v$
$(4 - x) \cdot 3u = +12u - 3xu$
$2x - 6y = 2 \cdot (x - 3y)$
$16r + 4s = 4(4r + s)$

763 a) $x = 2$ b) $x = 9$ c) $x = 8$ d) $x = 4$

764 Nein, die Anzahl von Sven's Kriegern ist nicht höher als die Anzahl von Halvars Männern.

765 2 619 750 Dollar bleiben dem Star
a) 78 592,50 Dollar b) 130 987,50 Dollar c) 188 622 d) 248 876,25 Dollar

766 Bei Stefan hat sich ein Fehler in die Rechnung eingeschlichen: $\sqrt{64 + 16 + 1} \neq \sqrt{64} + \sqrt{16} + \sqrt{1}$

767 $A(2|1)$ $B(3{,}5|3)$ $C(1{,}5|3{,}5)$ $D(-2|1)$ $E(-3|2{,}5)$ $F(-4|0{,}5)$ $G(-2|-2)$
$H(-4|-2{,}5)$ $I(-1{,}5|-3{,}5)$ $J(1|-1)$ $K(3|-1{,}5)$ $L(2{,}5|-4)$

768 a) Quadrat b) Rechteck c) Quadrat d) Parallelogramm

769 a) im III. Quadranten b) im II. Quadranten c) im I. Quadranten d) im II. Quadranten
e) im IV. Quadranten f) im III. Quadranten g) im IV. Quadranten h) im III. Quadranten

770 a) C, E und F b) $(-1|2{,}5)$

771 a) $(2|0)$, $(-2|0)$ b) $K(3|2)$, $L(-3|2)$, $M(-1{,}5|-1)$

772 a) $A_1(-4|-1)$, $B_1(1|-1)$, $C_1(-1|5)$, $D_1(3|1)$ b) $A_1(4|1)$, $B_1(-1|1)$, $C_1(1|-5)$, $D_1(-3|-1)$
c) $A_1(6|1)$, $B_1(1|1)$, $C_1(3|-5)$, $D_1(-1|-1)$

773 a) $A_1(-1|-1)$, $B_1(-5|-1)$, $C_1(-5|3)$ b) $A_1(4|-1)$, $B_1(0|-1)$, $C_1(0|4)$
c) $D(-4|0)$, $A_1(4|-4)$, $B_1(1|-4)$, $C_1(1|0)$, $D_1(4|0)$
d) $D(3|4)$, $A_1(-1|1)$, $B_1(-4|-1)$, $C_1(-6|2)$, $D_1(-3|4)$

774 —

775 a) $A = 15\,cm^2$, $u = 16\,cm$ b) $u = 12\,cm$, $A = 9\,cm^2$

776 $C(6|3)$, $D(0|3)$

777 a) — b) $36\,cm^2$

778 —

779 a) $H(0|0)$ b) $h(-3|-2{,}5)$

780 a) 17,5 FE b) 20 FE

781 75,5 FE

782 a) $9\,cm^2$ b) $11{,}25\,cm^2$ c) $11\,cm^2$ d) $98\,dm^2$ e) $52{,}7\,m^2$ f) $48\,000\,m^2$

783 a) $6\,cm^2$ b) $10{,}35\,cm^2$ c) $56{,}09\,cm^2$ d) $39{,}6\,cm^2$

784 a) $u = a + b + c = 121\,mm$ b) $A = 682{,}5\,mm^2$

785 a) $49{,}6\,cm^2$ b) $117{,}5\,cm^2$ c) $24{,}5\,cm^2$

786 a) $A = 2{,}5\ cm^2,\ u = 7{,}7\ cm$ b) $A = 7{,}26\ cm^2,\ u = 14{,}5\ cm$
c) $A = 5{,}625\ cm^2,\ u = 13{,}9\ cm$ d) $A = 6{,}84\ cm^2,\ u = 15{,}3\ cm$

787 a) $24{,}96\ m^2$ b) 888,56 €

788 66 €

789 a) 2 251,44 € b) 5 008,50 €

790 a) $33{,}25\ m^2$ b) $7{,}8\ m^2$ c) $26{,}4\ m^2$ d) $1{,}98\ dm^2$

791 a) Die Grundseite ist jeweils 2,5 cm, die zugehörige Höhe ist jeweils 3 cm lang, der Flächeninhalt beträgt $3{,}75\ cm^2$.
b) Alle vier Dreiecke haben gleichen Flächeninhalt, da alle Dreiecke die gleiche Grundseite und die gleiche Höhe haben.

792 —

793 a) $14{,}7\ cm^2$ b) $36{,}8\ cm^2$ c) $1\,852{,}5\ mm^2$ d) $12\ cm^2$

794 (1) $22{,}1\ cm^2$ (2) $21{,}9\ cm^2$ (3) $22{,}125\ cm^2$

795 a) $A = 3\ cm^2,\ u = 8{,}6\ cm$ b) $A = 6\ cm^2,\ u = 13{,}3\ cm$
c) $A = 6{,}05\ cm^2,\ u = 12{,}6\ cm$ d) $A = 4\ cm^2,\ u = 11\ cm$
e) $A = 4{,}2\ cm^2,\ u = 9{,}4\ cm$ f) $A = 1{,}08\ cm^2,\ u = 7{,}4\ cm$

796 a) 3 cm b) 8 cm c) 3,2 m d) 160 cm e) 15 m f) 360 m

797 a) 20 cm b) 16 cm c) 6,6 dm d) 12 cm

798 12 dm

799 9,6 cm

800 9,8 m

801 a) $48\ m^2$ b) 5 400 €

802 a) C(0,9|4,9) b) $136\,500\ m^2$

803 A: rechtwinkeliges Dreieck, B: stumpfwinkeliges Dreieck, C: gleichschenkeliges, spitzwinkeliges Dreieck, D: gleichschenkeliges, spitzwinkeliges Dreieck, E: gleichseitiges Dreieck, F: spitzwinkeliges Dreieck.

804 a) 180° b) α c) nicht d) größer e) kein f) spitze g) rechten, stumpfen

805 a) $A = 144\ mm^2,\ u = 48\ mm$ b) $A = 3\,600\ cm^2,\ u = 240\ cm$
c) $A = 1{,}44\ m^2,\ u = 4{,}80\ m$ d) $A = 6{,}25\ m^2,\ u = 10\ m$

806 253 075 €

807 $747{,}5\ m^2$

808 a) $A = 100\ cm^2,\ u = 58\ cm$ b) $A = 3\,055\ cm^2,\ u = 224\ cm$ c) $A = 100\ cm^2,\ u = 41\ cm$
d) $A = 6\ m^2,\ u = 9{,}8\ m$ e) $A = 9\ m^2,\ u = 12{,}20\ m$ f) $a = 25\ m,\ u = 82\ m$
g) $b = 3{,}50\ m,\ u = 16{,}20\ m$ h) $b = 16\ cm,\ A = 240\ cm^2$ i) $b = 125\ m,\ u = 730\ m$
j) $a = 240\ m,\ A = 6{,}24\ ha$

809 a) 375 € b) 261 €

810 a) 352 Fliesen b) 1 884,38 €

811 a) 920 Fliesen b) 31 Packungen

812 594 m^2

813 1 317,69 m^2

814 a) 3 888 m^2 b) 9,86 m^2 c) 15,3 dm^2 d) 1 775 cm^2

815 a) 544 cm^2 b) 1 566 mm^2 c) 37,4 m^2 d) 7 m^2 e) 10 560 m^2

816 a) $A = 1\,200\,mm^2$, $u = 166\,mm$ b) $A = 9{,}9\,cm^2$, $u = 15{,}6\,cm$
c) $A = 110\,cm^2$, $u = 47\,cm$ d) $u = 270\,mm$, $A = 2\,700\,mm^2$

817 a) 306 cm b) 4 964 cm^2 c) 58,4 cm

818

Parallelogramm	a)	b)	c)	d)	e)	f)	g)
a	42 mm	5,9 dm	10 m	6,4 m	82 m	4,5 m	0,8 cm
b	63 mm	5 dm	5,5 m	4,4 m	102,5 m	2,7 m	1,2 cm
A	756 mm^2	20,65 dm^2	33 m^2	14,08 m^2	4 100 m^2	15,3 m^2	0,48 cm^2
u	210 mm	21,8 dm	31 m	21,6 m	369 m	14,4 m	4 cm
h_a	18 mm	3,5 dm	3,3 m	2,2 m	50 m	3,4 m	0,6 cm
h_b	12 mm	4,13 dm	6 m	3,2 m	40 m	$5\frac{2}{3}$ m	0,4 cm

819 verschiedene Lösungen möglich

820 a) $A \approx 31\,cm^2$ b) $A \approx 20\,cm^2$

821 $A \approx 9\,cm^2$

822 a) — b) $A = 37{,}5\,cm^2$

823 a) Rechteck b) (1) ABC_2D_2, (2) ABC_3D_3

824 a) Der Flächeninhalt ändert sich nicht. b) Der Flächeninhalt wird verdreifacht.
c) Der Flächeninhalt wird geviertelt. d) Der Flächeninhalt wird vervierfacht.

825 8 cm

826 —

827 30 m

828 a) 612 mm^2 b) 34,65 cm^2 c) 5,52 m^2 d) 90 cm^2 e) 2,22 cm^2

829 a)

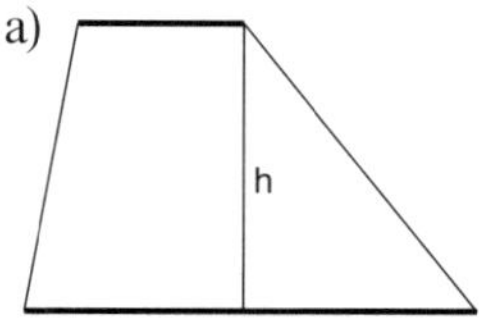

b)

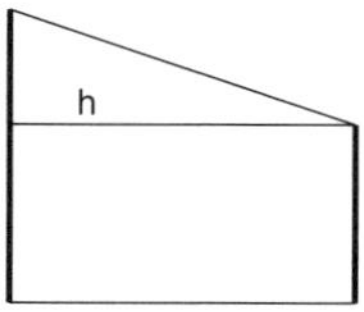

c)

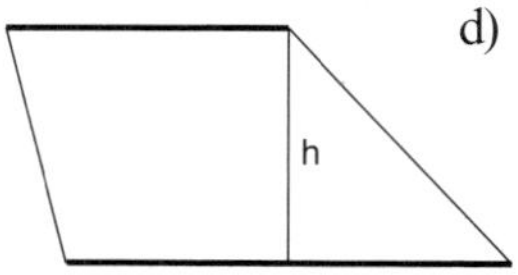

d)

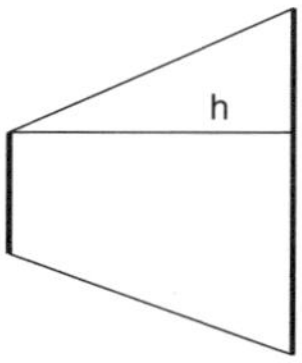

830 a) 120 cm^2 b) 292,5 m^2

831 8,68 cm^2

832 a) 32 cm^2 b) 31,5 cm^2 c) 338,1 cm^2 d) 7,31 cm^2

833 103,5 m^2

834 a) 1 000 m^2 b) 195 000 €

835 7,75 m^2

836 49,7 m^2

837 a) 56,28 m^2 b) 12,6 m^2 c) 69 m^2 d) 27,84 m^2

838 a) u = 19,1 cm, A = 16,38 cm^2 b) u = 24,7 cm, A = 24,255 cm^2

839 a) 25,194 m^2 b) 975 €
c) Dann hätte der Pavillon in der Dachmitte eine sechseckige Öffnung.

840 a) 25 mm b) 2,9 cm c) 1,7 m d) 6 cm e) 7,2 cm

841 a) 56 mm b) 47 m c) 44 m d) 3,4 dm

842 Es ist nach h gefragt: 8 cm

843 a) c = 28 mm b) a = 45 cm c) c = 2,9 m d) a = 62 m

844 24 m

845 46m

846 a) D(−2 | 2) b) 12 cm^2

847 a) u = 30 cm, A = 49,5 cm^2 b) u = 19,7 cm, A = 18,36 cm^2

848 a) 30 cm^2 b) 15,64 cm^2 c) 45,87 m^2 d) 67,5 cm^2 e) 21,84 cm^2

849 a) 48 cm^2 b) 53,28 m^2 c) 4,2 m^2 d) 261 cm^2 e) 11,4 cm^2

850 a) 250 cm^2 b) 187,5 cm^2 c) 87,5 cm^2

851 a) 48,6 cm^2 b) 14,45 cm^2 c) 67,2 cm^2 d) 36,4 cm^2 e) 285 mm^2 f) 22,32 cm^2

852 a) 1 024 mm^2 b) 0,72 cm^2 c) 200 mm^2 d) 72,25 m^2 e) 9,68 cm^2

853 a) 65 mm b) 4,5 cm c) 17,5 m d) 32 m

854 a) A = 13,2 m, u = 52,8 m b) A = 36 cm^2, u = 24 cm
c) f = 44 mm d) a = 32 m, A = 864 m^2

855 a) A wird vervierfacht. b) A ändert sich nicht.

856 14,4 cm

857 24,5 cm^2

858 6,48 m^2

859 a = 30,5 cm, h = 27,3 cm

860 432 cm^2

861 378 Baustoffplatten

862 2 320 mm^2

863 —

864 —

865 a) 189 cm^3 b) 151,5 cm^3 c) 3 025,75 mm^3 d) 17 456 mm^3

866 a) 18,2 cm^3 b) 10,35 m^3 c) 1 226,5 mm^3 d) 2,6622 m^3

867 a) 42 cm^3 b) 21 cm^3 c) 21 cm^3 d) 21 cm^3 e) 14 cm^3 f) 14 cm^3
g) 42 cm^3 h) 13,3 cm^3 i) 42 cm^3

868 a) 126 cm^3 b) 250 cm^3 c) 110 mm^3 d) 2 343,6 m^3 e) 1 104 dm^3

869 18 720 cm^3

870 a) 176,4 cm^3 b) 10,08 dm^3 c) 20 720 cm^3 d) 67,2 dm^3 $V = a \cdot b \cdot h$

871 a) 1 036,8 cm^3 b) 9 000 mm^3 c) 14 580 cm^3 d) 62 197 cm^3 $V = a^2 \cdot h$

872 a) 1 728 mm^3 b) 50,653 cm^3 c) 3,375 m^3 d) 0,512 m^3 $V = a^3$

873 a) 72 cm^3 b) 13,5 cm^3 c) 35 cm^3 d) 100,8 cm^3 e) 3 564 cm^3 f) 1 260 cm^3

874 a) 125 cm^3 b) 1 996,5 cm^3 c) 308 cm^3 d) 1 600 cm^3 e) 10 976 cm^3 f) 14 m^3

875 160 m^3

876 a) 8 618,88 mm^3 b) 570 cm^3

877 10 800 hℓ

878 a) 50 cm^2 b) 10 cm^2 c) 6,25 dm^2

879 a) 2 000 cm^2 b) verschiedene Lösungen möglich

880 2,2 m

881 a) Höhe 3,2 m b) Länge 1,2 m c) Breite 42 mm d) Höhe 20 cm e) Länge 2,3 dm

882 2,5 cm

883 7 cm

884 12,5 cm

885 a) 891 m^3 b) 1 152 cm^3

886 a) 93 000 mm^3 b) 80 000 mm^3

887 6,5 m

888 a) 300 000 hℓ b) 8 mm

889 a) 94,5 ℓ b) 5 670 ℓ

890 a) 8 cm b) 6 cm

891 16 cm

892 28,98 cm^3

893 a) $7{,}86\,\text{kg/dm}^3 = 7{,}86\,\text{g/cm}^3$ b) $10{,}5\,\text{kg/dm}^3 = 10{,}5\,\text{g/cm}^3$
c) $2{,}7\,\text{kg/dm}^3 = 2{,}7\,\text{g/cm}^3$ d) $0{,}9\,\text{kg/dm}^3 = 0{,}9\,\text{g/cm}^3$

894 a) 6 kg b) 18 kg c) 15,552 kg d) 11,088 kg

895 a) 5,6 g b) 87,5 g c) 10,9 g d) 192,2 g

896 226,395 kg

897 58,4 t

898 Aluminium: 48,6 kg, Silber: 189 kg, Gold: 347,4 kg

899 153 kg

900 250 kg

901 a) 70,74 kg b) 24,3 kg

902 377,28 kg

903 172,8 t

904 a) $10\,750\,\text{m}^3$ b) 25 800 t

905 a) 210 € b) 432 kg

906 a) 3,24 kg b) 33,75 kg

907 4 cm

908 2,5 m

909 Gold

910 a) $90{,}846\,\text{dm}^3$ b) 714 kg

911 a) $G = 6\,\text{cm}^2$, $V = 30\,\text{cm}^3$, Masse = 75 g b) $a = 7\,\text{cm}$, $G = 14\,\text{cm}^2$, Masse = 4 536 g
c) $h_a = 44{,}8\,\text{m}$, $G = 56\,\text{m}^2$, Masse pro $\text{cm}^3 = 0{,}161\,\text{g}$
d) $h_a = 9{,}5\,\text{m}$, $h = 14\,\text{m}$, Masse pro $\text{cm}^3 = 0{,}5\,\text{g}$

912 a) $7\,870\,203\,\text{cm}^3$ b) 255 Bretter c) 15,6%

913 a) $32\,\text{cm}^3$ b) $756\,\text{cm}^3$ c) $1{,}35\,\text{m}^3$ d) $135{,}375\,\text{cm}^3$

914 a) $56\,\text{cm}^3$ b) $324\,\text{dm}^3$ c) $660\,\text{cm}^3$ d) $960\,\text{cm}^3$

915 a) $160\,\text{cm}^3$ b) $47\,\text{dm}^3$ c) $8\,112\,\text{mm}^3$ d) $0{,}5\,\text{m}^3$

916 a) $112{,}5\,\text{cm}^3$ b) $324\,\text{mm}^3$ c) $18\,\text{cm}^3$ d) $20\,160\,\text{mm}^3$ e) $0{,}028\,\text{m}^3$

917 a) $G = 36\,\text{cm}^2$, $V = 96\,\text{cm}^3$ b) $G = 40\,\text{cm}^2$, $V = 106\tfrac{2}{3}\,\text{cm}^3$
c) $G = 7{,}5\,\text{cm}^2$, $V = 20\,\text{cm}^3$ d) $G = 7\,\text{cm}^2$, $V = 18\tfrac{2}{3}\,\text{cm}^3$
e) $G = 6{,}75\,\text{cm}^2$, $V = 18\,\text{cm}^3$

918 a) $360\,\text{m}^3$ b) $13{,}5\,\text{cm}^3$ c) $72\,\text{cm}^3$ d) $156{,}25\,\text{cm}^3$

919 a) 15 cm b) 1,5 m c) 12 cm d) 12 cm

920 a) 17 cm b) 20 mm c) 12,5 dm d) 70 m

921 1,9 g

922 14 cm

923 a) $24\,057\ cm^3$ b) $864\ cm^3$

924 a) 5 cm b) 4,5 cm

925 3,6 dm

926 $a = h = 9$ cm

927 Aluminium

928 a) 20 cm b) 7 545,6 g

929 $V = 213,\dot{3}\ dm^3$, $m \approx 124$ kg

930 a) $b = \frac{V}{a \cdot c}$ b) $h = \frac{2 \cdot V}{a \cdot h_a}$ c) $a = \sqrt{\frac{V}{h}}$ d) $c = \frac{2V}{h_a \cdot h} - a$ e) $G = \frac{3V}{h}$ f) $a = \frac{3V}{b \cdot h}$

931 $4\,200\ cm^3$

932 a) $192\ cm^3$ b) $144\ m^3$ c) $5,5\ cm^3$ d) $66\ dm^3$

933 a) $240\ cm^3$ b) $105\ cm^3$ c) $468\ m^3$

934 $107\,520\ m^3$

935 $54\ m^3$

936 a) $V = 124,8\ cm^3$ b) $V = 913,5\ cm^3$ c) $h = 7$ cm d) $h = 15$ m

937 4 cm

938 a) $G = 16\ cm^2$, $V = 26,\dot{6}\ cm^3$ b) $G = 20,25\ cm^2$, $V = 25,65\ cm^3$ c) $G = 9\ cm^2$, $h = 13$ cm

939 $130,\dot{6}\ m^3$

940 ≈ 9,6 kg

941 0,96 ℓ

942 a) $h = \frac{3 \cdot V}{a^2}$ b) 54 cm

943 a) $\approx 2\,642\,065\ m^3$ b) $\approx 288\,907\ m^3$ c) ≈ 5,4 % d) 11,5711 ha
e) — f) ≈ 220,39 m g) $3\,060\,000\ m^3$

944 a) 32 Personen b) $244,8\ m^3$ c) ≈ 316 kg

945 —

946 —

947 —

948 —

949 —

950 —

951 —

952 —

953 a) $105\,cm^2$ b) $50\,mm^2$ c) $2{,}1\,m^2$ d) $214\,cm^2$ e) $88\,dm^2$ f) $1\,004\,mm^2$

954 a) $G = 22{,}5\,cm^2$, $M = 190\,cm^2$, $O = 235\,cm^2$ b) $G = 345\,cm^2$, $M = 2\,432\,cm^2$, $O = 3\,122\,cm^2$
c) $G = 1{,}92\,m^2$, $M = 20{,}48\,m^2$, $O = 24{,}32\,m^2$ d) $G = 9{,}9\,cm^2$, $M = 67\,cm^2$, $O = 86{,}8\,cm^2$

955 a) $294\,cm^2$ b) $10\,584\,mm^2$ c) $27{,}735\,m^2$ d) $403{,}44\,m^2$
e) $661{,}5\,m^2$ f) $62\,914{,}56\,m^2$

956 a) Quader, $O = 248\ cm^2$ b) dreiseitiges Prisma (G = rechtwinkeliges Dreieck), $O = 60\ cm^2$
c) Prisma, $O = 181\,m^2$

957 a) $460{,}8\ dm^2$ b) $828\ cm^2$ c) $152\ cm^2$

958 a) $235{,}5\,cm^2$ b) $165{,}12\,cm^2$ c) $341{,}04\,cm^2$ d) $467\,cm^2$

959 a) $3\,250\,cm^2$ b) $4{,}34\,m^2$ c) $744\,cm^2$ d) $241{,}92\,cm^2$

960 a) $738\,cm^2$ b) $688\,cm^2$ c) $114\,cm^2$ d) $696\,cm^2$

961 a) $864\,cm^2$ b) $736\,cm^2$ c) $323\,cm^2$ d) $14\,896\,cm^2$

962 267,5 €

963 a) — b) —

964 a) $O = 223\,cm^2$ b) $O = 251{,}1\ cm^2$ c) $O = 180\ cm^2$ d) $O = 112\,cm^2$ e) $O = 124{,}4\ cm^2$

965 $\approx 2,7m^2$

966 a) $91{,}125\,cm^3$ b) $0{,}512\,m^3$ c) $1\,728\,cm^3$ d) $16\,194{,}277\,dm^3$

967 a) 8 cm b) 6 mm c) 1,2 m d) 18 dm e) 12 cm f) 3,4 m

968 a) $M = 768\,mm^2$, $O = 824\,mm^2$ b) $h = 0{,}55\,cm$, $O = 9\,954\,cm^2$
c) $u = 25\,cm$, $O = 92{,}5\,cm^2$ d) $h = 7{,}3\,cm$, $M = 182{,}5\,cm^2$

969 a) 7 cm b) 4,2 m c) 17 mm

970 a) $48\ cm^2$ b) 8 cm

971 a) $h = \frac{O - 2G}{u}$ b) 8,9 cm

972 a) $34\ cm^2$ b) $22{,}4\ cm^2$ c) $33{,}4\ cm^2$

973 a) $384\,cm^2$ b) $360\,cm^2$

974 $25\,282\,cm^2$

975 $78{,}24\,m^2$

976 —

977 —

978 a) 10 cm b) 13 cm c) 8 cm d) 10 cm e) 8,5 cm

979 a) 13 cm b) 25 cm c) 17 cm d) 15 cm e) 17,5 cm f) 71,5 cm g) 19,5 cm

980 a) $a = 56{,}4\,cm$ b) $b = 34{,}2\,cm$ c) $a = 18\,cm$ d) $b = 12{,}4\,cm$ e) $a = 21{,}6\,cm$

981 a) 13 b) 5,1 c) 20 d) 4

982 a) $u^2 = t^2 + s^2$ b) $y^2 = x^2 + z^2$ c) $z^2 = v^2 + w^2$ d) $a^2 = c^2 + b^2$

983 a) $t^2 = s^2 + p^2$ b) $t^2 = r^2 + s^2$ c) $y^2 = x^2 + z^2$ d) $v^2 = x^2 + u^2$

984 a), c) und d) sind rechtwinkelig.

985 60 cm

986 a) 24 cm b) 16,8 cm c) 8,5 cm d) 9 cm bzw. 31,2 cm

987 a) 7,5 cm b) 8,8 cm

988 a) 10 cm b) 2,5 cm c) 6,5 cm d) 8,5 cm

989 a) (1) 81 cm (2) 1 749,6 cm^2 (3) 216 cm (4) 38,1 cm
b) (1) 52,5 m (2) 735 m^2 (3) 140 m (4) 24,7 m
c) (1) 45 mm (2) 540 mm^2 (3) 120 mm (4) 21,2 mm
d) (1) 2,48 m (2) 5,766 m^2 (3) 12,4 m (4) 2,188 m

990 a) 19,5 cm b) 45 cm c) 67,5 cm^2 d) 6,9 cm

991 a) (1) 12,5 cm (2) 32,5 m (3) 75 cm b) (1) 18 m (2) 22,5 cm (3) 54 m
c) (1) 45 mm (2) 51 mm (3) 120 mm d) (1) 22,5 cm (2) 25,5 cm (3) 60 cm

992 106 cm

993 A = 11 FE, u = 15,4 LE

994 a) $a = 15,\ b = 8,\ c = 17$ b) $a = 32,\ b = 24,\ c = 40$ c) $a = 16,\ b = 30,\ c = 34$
d) $a = 24,\ b = 10,\ c = 26$ e) $a = 72,\ b = 154,\ c = 170$ f) $a = 119,\ b = 120,\ c = 169$

995 a) 173 b) 54 c) 116 d) 84

996 a) 6,9 cm b) 4,9 cm

997 a) (1) 30 cm (2) 84 cm (3) 432 cm^2 b) (1) 20,8 cm (2) 58 cm (3) 204 cm^2
c) (1) 8,7 cm (2) 23 cm (3) 28 cm^2 d) (1) 65 cm (2) 170 cm (3) 1 500 cm^2

998 a) (1) 37,2 cm (2) 105,4 cm (3) 576,6 cm^2 b) (1) 36 mm (2) 126 mm (3) 972 mm^2
c) (1) 0,36 m (2) 1,68 m (3) 0,1728 m^2 d) (1) 13 cm (2) 88,4 cm (3) 405,6 cm^2

999 a) 14,4 cm b) 67,2 cm

1000 $\approx$ 108 m

1001 a) 45,3 cm b) 11,5 cm c) 70,7 cm d) 10,9 cm

1002 a) (1) 28 cm (2) 39,6 cm (3) 112 cm b) (1) 1,3 m (2) 1,8 m (3) 5,2 m
c) (1) 82 mm (2) 116 mm (3) 328 mm d) (1) 6,4 cm (2) 9,1 cm (3) 25,6 cm

1003 a) 52,3 mm b) 9,5 cm c) 49,5 cm d) 17,7 cm e) 2,04 m

1004 a) 177 m b) 68 m

1005 a) a = 5 cm, u = 20 cm, A = 25,21 cm^2 b) a = 53,7 mm, u = 214,8 mm, A = 2 888 mm^2
c) a = 1,60 m, u = 6,40 m, A = 2,55 m^2 d) a = 17,7 cm, u = 70,8 cm, A = 312,5 cm^2

1006 98,4 cm

1007 13 cm

1008 78 m

1009 $u = 16{,}8\,m,\ A = 17{,}28\,m^2$

1010 a) 4,2 cm b) 3 cm

1011 a) $b = \frac{A}{a}$ b) $u = 2(a + \frac{A}{a})$ c) $d = \sqrt{a^2 + (\frac{A}{a})^2}$ d) $r = \frac{1}{2a}\sqrt{a^4 + A^2}$

1012 a) $u = 16{,}2\,cm,\ A = 10{,}08\,cm^2$ b) 6,3 cm c) —

1013 a) $5{,}88\,cm^2$ b) $4{,}32\,cm^2$ c) $1\,080\,cm^2$ d) $12{,}6\,m^2$

1014 a) $a = 85\,mm,\ u = 242\,mm$ b) $a = 78\,mm,\ u = 216\,mm$
c) $a = 65\,mm,\ u = 162\,mm$ d) $a = 53\,mm,\ u = 162\,mm$
e) $a = 130\,mm,\ u = 324\,mm$

1015 a) 84 mm b) $1\,092\,mm^2$ c) 196 mm d) 25,7 mm

1016 $u = 51\,cm,\ A = 123\,cm^2$

1017 a) 90 mm b) 9 m

1018 a) $h_c = 70\,mm,\ u = 196\,mm,\ A = 1\,680\,mm^2,\ h_a = 45{,}4\,mm$
b) $c = 23{,}2\,cm,\ h_c = 4{,}7\,cm,\ A = 54{,}52\,cm^2,\ h_a = 8{,}7\,cm$
c) $a = 130\,mm,\ u = 324\,mm,\ A = 4\,032\,mm^2,\ h_a = 62\,mm$
d) $c = 32\,m,\ a = 34\,m,\ u = 100\,m,\ h_a = 28{,}24\,m$
e) $a = 16\,cm,\ h_c = 14{,}4\,cm,\ A = 100{,}8\,cm^2,\ h_a = 12{,}6\,cm$

1019 a) Das zweite Dreieck hat den größeren Umfang.
b) Im zweiten Dreieck ist die Höhe auf einem Schenkel kürzer.

1020 a) $h = 12{,}1\,cm,\ A = 84{,}87\,cm^2$ b) $h = 3{,}0\,cm,\ A = 5{,}30\,cm^2$ c) $h = 4{,}7\,dm,\ A = 12{,}63\,dm^2$
d) $h = 7{,}8\,cm,\ A = 35{,}07\,cm^2$ e) $h = 6{,}2\,cm,\ A = 22{,}45\,cm^2$

1021 a) $u = 11{,}1\,m,\ A = 5{,}93\,m^2$ b) $u = 16{,}2\,cm,\ A = 12{,}63\,cm^2$ c) $u = 18{,}6\,cm,\ A = 16{,}65\,cm^2$
d) $u = 3{,}15\,m,\ A = 0{,}48\,m^2$

1022 a) (1) 13,9 cm (2) 41,7 cm (3) $83{,}66\,cm^2$
b) (1) 8,7 cm (2) 26,1 cm (3) $32{,}77\,cm^2$
c) (1) 31,2 cm (2) 93,6 cm (3) $421{,}51\,cm^2$
d) (1) 37,0 cm (2) 111 cm (3) $592{,}79\,cm^2$
e) (1) 6,2 cm (2) 18,6 cm (3) $16{,}65\,cm^2$

1023 a) (1) 17,0 cm (2) 14,7 cm b) (1) 12,5 mm (2) 10,8 mm
c) (1) 56,0 mm (2) 48,5 mm d) (1) 20,0 cm (2) 17,3 cm

1024 a) — b) $A = \frac{3\sqrt{3}}{2}a^2 = 16{,}24\,cm^2$

1025 a) $u = 25{,}2\,cm,\ A = 45{,}83\,cm^2$ b) $u = 9\,cm,\ A = 5{,}85\,cm^2$
c) $u = 168\,mm,\ A = 2\,037\,mm^2$ d) $u = 240\,cm,\ A = 4\,156{,}92\,cm^2$

1026 a) $a = 10{,}0\,cm,\ u = 60\,cm$ b) $a = 4{,}1\,cm,\ u = 24{,}6\,cm$
c) $a = 25\,cm,\ u = 150\,cm$ d) $a = 3{,}4\,cm,\ u = 20{,}4\,cm$

1027 $15{,}72\,m^2$

1028 a) $u = 218$ mm, $A = 2\,730$ mm^2 b) $u = 84$ cm, $A = 423{,}36$ cm^2
c) $u = 78$ cm, $A = 270$ cm^2 d) $u = 5$ cm, $A = 1{,}5$ cm^2

1029 a) $a = 7{,}3$ cm, $u = 29{,}2$ cm, $A = 52{,}8$ cm^2 b) $= 30$ cm, $u = 100$ cm, $A = 600$ cm^2
c) $f = 118{,}5$ cm, $u = 238$ cm, $A = 622{,}13$ cm^2 d) $f = 32$ mm, $a = 27{,}6$ mm, $u = 110{,}4$ mm
e) $a = 51$ m, $e = 90$ m, $A = 2\,160$ m^2 f) $f = 2{,}4$ dm, $u = 14{,}8$ dm, $A = 8{,}4$ dm^2

1030 a) (1) 36 cm (2) 78 cm b) (1) 4,8 m (2) 11,88 m
c) (1) 64 mm (2) 201,6 mm d) (1) 48 cm (2) 161,6 cm

1031 a) (1) $e = 14{,}4$ cm, $f = 8$ cm (2) $h_b = 8$ cm
b) (1) $e = 129{,}9$ mm, $f = 49{,}2$ mm (2) $h_b = 27{,}3$ mm
c) (1) $e = 37{,}3$ cm, $f = 22{,}7$ cm (2) $h_b = 22{,}4$ cm
d) (1) $e = 172{,}9$ mm, $f = 73{,}1$ mm (2) $h_b = 60$ mm

1032 a) 36 cm b) 48,3 cm c) 1 440 cm^2 d) 154 cm

1033 a) $u = 175$ mm, $A = 1\,767{,}5$ mm^2 b) $u = 117$ mm, $A = 480$ mm^2

1034 a) $e = 17$ cm, $A = 408$ cm^2 b) $e = 138$ mm, $A = 5\,520$ mm^2
c) $e = 4$ cm, $A = 4{,}8$ cm^2 d) $e = 13{,}6$ cm, $A = 65{,}28$ cm^2

1035 a) 100 mm b) 3 948 mm^2 c) 306 mm

1036 $u = 54$ cm, $A = 168$ cm^2

1037 a) 149 mm b) 11,4 cm c) 168,6 mm d) 14,6 cm

1038 a) $e = 56$ cm, $A = 840$ cm^2, $u = 128$ cm b) $b = 7{,}5$ cm, $A = 39{,}6$ cm^2, $u = 25{,}6$ cm
c) $a = 30$ cm, $A = 1\,872$ cm^2, $u = 224$ cm d) $b = 30$ cm, $f = 48$ cm, $A = 672$ cm^2
e) $e = 315$ cm, $a = 68$ cm, $u = 650$ cm f) $f = 60$ cm, $a = 34$ cm, $u = 520$ cm
g) $e = 300$ cm, $b = 275$ cm, $u = 720$ cm h) $f = 48$ cm, $b = 145$ cm, $u = 370$ cm

1039 a) $c = 14$ mm, $e = 17{,}5$ mm, $A = 68$ mm^2, $u = 44$ mm
b) $h = 12$ mm, $e = 13{,}9$ mm, $A = 84$ mm^2, $u = 40$ mm
c) $c = 8$ mm, $h = 6$ mm, $e = 17{,}1$ mm, $A = 96$ mm^2
d) $a = 22$ mm, $e = 28{,}3$ mm, $A = 360$ mm^2, $u = 80$ mm
e) b, c und e bilden im gleichschenkeligen Trapez immer ein Dreieck. Da $b + c < e$ ist, ist die Dreiecksungleichung nicht erfüllt, d. h. b, c und e legen kein Dreieck fest. ⇒ Die Aufgabe ist nicht lösbar.
f) $c = 28$ mm, $b = 17$ mm, $A = 540$ mm^2, $u = 106$ mm
g) $b = 41{,}5$ mm, $e = 58{,}7$ mm, $A = 1\,720$ mm^2, $u = 169$ mm

1040 a) $u = 104$ mm, $e = 35{,}9$ mm b) $u = 32{,}7$ cm, $e = 117$ cm
c) $u = 23{,}8$ m, $e = 7{,}99$ m d) $u = 130{,}8$ mm, $e = 46{,}6$ mm

1041 $A = 3\,640$ mm^2, $u = 510$ mm, $e = 206{,}9$ mm, $f = 61{,}7$ mm

1042 a) 44,8 cm b) 105,84 cm^2 c) $e = 16{,}3$ cm, $f = 14$ cm

1043 a) 1 : 3 b) 1 : 4 c) 4 : 5 d) 2 : 3 e) 2 : 3 f) 4 : 5 g) 7 : 8 h) 9 : 8

1044 a) 4 : 9 b) 5 : 8 c) 40 : 37 d) 56 : 71 e) 32 : 41 f) 10 : 7 g) 49 : 300 h) 60 : 73

1045 a) 4 : 1 b) 3 : 1 c) 4 : 3 d) 9 : 7 e) 5 : 2 f) 3 : 5 g) 10 : 7 h) 7 : 4

1046 a) 100 : 1 b) 1 : 100 c) 1 : 100 d) 100 : 1 e) 6 : 1 f) 4 : 9 g) 1 : 20 h) 5 : 1

1047 a) 1 : 20 b) 1 : 300 c) 1 : 200 d) 1 : 5000 e) 1 : 12,5 f) $1 : 166\frac{2}{3}$

1048 a) 1 : 2 000 b) 1 : 5 000 c) 1 : 150 000

1049 a) 1 : 5 b) 1 : 4 c) 1 : 25 d) 11 : 20 e) 3 : 4 f) 3 : 2 g) 9 : 4

1050 a) $\frac{42}{100} = 42\%$ b) $\frac{3}{100} = 3\%$ c) $\frac{17}{100} = 17\%$ d) $\frac{1}{100} = 1\%$ e) $\frac{95}{100} = 95\%$ f) $\frac{120}{100} = 120\%$

1051 a) $\frac{40}{100} = 40\%$ b) $\frac{30}{100} = 30\%$ c) $\frac{75}{100} = 75\%$ d) $\frac{24}{100} = 24\%$
e) $\frac{45}{100} = 45\%$ f) $\frac{150}{100} = 150\%$ g) $\frac{425}{100} = 425\%$

1052 a) b) c) d)

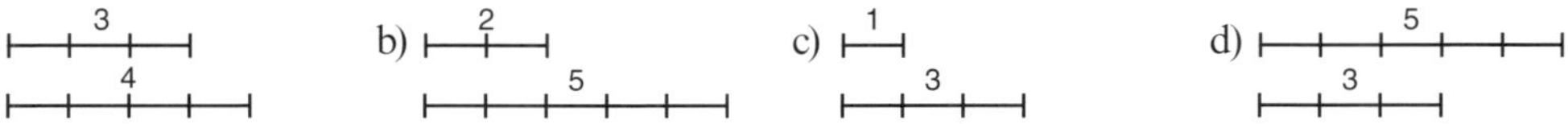

1053 a) 4 : 2 : 3 b) 2 : 10 : 1 c) 1 : 5 : 4 d) 6 : 1 : 2

1054 a) 8 : 9 b) 5 : 2 c) 1 : 3 d) 6 : 1 e) 12 : 7 f) 9 : 14

1055 5 : 8 : 6

1056 a) 1 : 200 b) 1 : 250 c) 7 : 200 d) 1 : 4 e) 1 : 8 f) 9 : 10

1057 a) 14 ‰ b) 16 ‰ c) 52 ‰ d) 35 ‰ e) 60 ‰ f) 50 ‰

1058 a) 1. Person: 1 920 €, 2. Person: 480 € b) 1. Person: 1 440 €, 2. Person: 960 €
c) 1. Person: 1 600 €, 2. Person: 800 € d) 1. Person: 1 680 €, 2. Person: 720 €
e) 1. Person: 1 280 €, 2. Person: 1 120 € f) 1. Person: 240 €, 2. Person: 2 160 €

1059 Person A erhält 25 500 €, Person B erhält 17 000 €, Person C erhält 42 500 €.

1060 Die 1. Seite beträgt 108 mm, die 2. Seite beträgt 144 mm, die 3. Seite beträgt 180 mm.

1061 300 m

1062 Die 1. Seite beträgt 176 mm, die 2. Seite beträgt 80 mm, die 3. Seite beträgt 112 mm, die 4. Seite beträgt 64 mm.

1063 a) 3 630 € b) 5 170 €

1064 a) 525 € b) 149, 80€

1065 2,44 m

1066 a) Herr Berger muss 6 225 € bezahlen und Herr Meixner muss 3 735 € bezahlen.
b) Herr Berger muss 1 662 € bezahlen und Herr Meixner muss 997,20 € bezahlen.

1067 a) 54°, 36° b) 67,5°, 22,5° c) 40°, 50° d) 45°, 45°

1068 1 206 €, 2 010 €, 804 €

1069 Länge 63 mm, Breite 35 mm, $A = 2\,205\ mm^2$

1070 $a = 32$ cm, $b = 20$ cm, $u = 104$ cm

1071 a) 39 000 €.
b) Herr Mayer muss noch 49 000 € einzahlen und Herr Fuchs muss noch 21 000 € einzahlen.

1072 37,5 cm

1073 a) $=$ b) $=$ c) $\neq$ d) $\neq$ e) $=$ f) $\neq$

1074 a) = b) $\neq$ c) = d) $\neq$ e) = f) =

1075 a) = b) = c) $\neq$ d) = e) = f) $\neq$

1076 a) $x = 6$ b) $x = 56$ c) $x = 3$ d) $x = 2$ e) $x = 6$ f) $x = 18$

1077 a) $x = 0{,}05$ b) $x = 1{,}45$ c) $x = 2\,704$ d) $x = 1{,}6$ e) $x = 7{,}6$ f) $x = 4\frac{7}{8}$

1078 a) $x = 280{,}8$ b) $x = 6\frac{3}{7}$ c) $x = 0{,}018$

1079 24,6 cm

1080 $A \sim F \sim J \sim L$, $B \sim D \sim G \sim K \sim P$, $C \sim I \sim M$, $E \sim N$, $H \sim O$. Es gibt hier keine zueinander kongruenten Figuren.

1081 Ja.

1082 —

1083 a), c), d), e), f) und g) sind wahr.

1084 a), b), e) und g) sind wahr.

1085 a) Einander entsprechende Seiten haben nicht das gleiche Verhältnis, z. B. Quadrat und Rechteck.
b) Nein. c) Das ist wahr.

1086 a) $b_1 = 15$ cm, $c_1 = 25$ cm b) $a_1 = 7$ cm, $b_1 = 10$ cm c) $c = 5$ cm, $b_1 = 12$ cm

1087 $a_1 = 10$ cm

1088 a) $b_1 = 6$ cm, $c_1 = 9$ cm b) $u = 15$ cm, $u_1 = 22{,}5$ cm, $u : u_1 = 2 : 3$
c) $a : a_1 = b : b_1 = c : c_1 = u : u_1 = 2 : 3$

1089 a) $a_1 = 28$ mm, $b_1 = 38$ mm, $c_1 = 50$ mm b) $a_1 = 44$ mm, $b_1 = 16$ mm, $c_1 = 40$ mm

1090 a) Es gilt: $a : a_1 = u : u_1$ b) $A : A_1 = 4 : 9$ c) $A : A_1 = a^2 : a_1^2$

1091 a) $a_1 = 12$ cm b) $a_1 = 8$ cm

1092 $a_1 = 20$ cm, $b_1 = 12$ cm, $c_1 = 8$ cm, $d_1 = 16$ cm

1093 —

1094 $\overline{AB} = 2{,}7$ cm, $\overline{BC} = 2{,}5$ cm, $\overline{AC} = 2{,}8$, $\overline{A'B'} = 5{,}4$ cm, $\overline{B'C'} = 5$ cm, $\overline{A'C'} = 5{,}6$ cm

1095 a) 1 cm b) $3{,}\dot{6}$ cm c) 17,25 mm d) 34 mm
e) 16 mm f) 35 mm g) 20 mm h) 12,4 mm

1096 —

1097 —

1098 a) $a' = 6$ cm b) $a' = 4{,}5$ cm c) $a' = 12$ cm d) $a' = 6{,}9$ cm

1099 a) $a' = 7{,}5$ cm b) $a' = 11$ cm c) $a' = 8{,}5$ cm d) $a' = 15$ cm

1100 a) $a' = 3$ cm, $b' = 2$ cm b) $a' = 1{,}8$ cm, $b' = 1{,}2$ cm
c) $a' = 5{,}4$ cm, $b' = 3{,}6$ cm d) $a' = 4{,}5$ cm, $b' = 3$ cm

1101

	a)	b)	c)	d)	e)
Maßstab	1:5	1:10	1:100	1:7 000	1:2 500
a(Zeichnung)	4 cm	0,6 dm	2,5 cm	≈ 6,6 mm	8 cm
b(Zeichnung)	3 cm	0,4 dm	5 cm	≈ 8,9 mm	6 cm
a(Wirklichkeit)	20 cm	6 dm	250 cm	46 m	200 m
b(Wirklichkeit)	15 cm	4 dm	500 cm	62 m	150 m

Einzusetzender Text auf den Buchseiten 186 bis 191:

(1) schwimmt (2) Stahl (3) hohl (4) kleiner (5) großen
(6) überall (7) Schwerkraft (8) verschieden (9) 16 m (10) 500 kg
(11) Körpergröße (12) Volumen (13) s^3 (14) $10s \cdot 10s \cdot 10s = 1\,000\,s^3$
(15) 50 t (16) s^2 (17) $10s \cdot 10s = 100s^2$ (18) 10 -
(19) dicke (20) Wasser (21) Unterdruck (22) kleinerer
(23) dynamischen Auftrieb (24) kleiner als (25) geringer (26) leichter
(27) gegeneinander (28) höhere (29) proportional (30) 9 (31) 27
(32) 900 (33) 27 000 (34) vergrößert (35) vergrößert (36) widerlegt
(37) bewiesen (38) Flügelfläche

1102 —

1103 a) 0,03 kg
b) Weil im Wasser die Auftriebskraft der Gewichtskraft entgegenwirkt. Fortbewegung u. a. ist daher leichter möglich.
c) Nein. Die Querschnittsfläche wächst mit dem Quadrat, das Volumen und somit die Masse zu 3. Potenz. Statische Probleme sind daher unvermeidbar.
d) 14,45 kg

1104 a) $A(-2|-2), B(0|-6), C(2|-2), D(6|0), E(2|2), F(0|6), G(-2|2), H(-6|0)$
b) $K(-5|-3), L(0|-7), M(5|-4), N(6|3), O(1|6), P(-6|0)$

1105 a) 45,5 cm^2 b) 68 cm^2

1106 a) 49 cm^2 b) 27 cm^2 c) 35 cm^2 d) 24 cm^2 e) 40 cm^2 f) 56 cm^2 g) 113 cm^2

1107 a) 166 cm^2 b) 72 cm^2 c) 184,5 cm^2

1108 a) 156 cm^2 b) 6,75 m^2 c) 3,84 m^2

1109 a) 98,2 cm^2 b) 161,85 cm^2 c) 7 657,6 mm^2

1110 220 cm^2

1111 a) Prisma mit rechteckiger Grundfläche b) Dreiseitiges Prisma
c) Dreiseitiges Prisma d) Sechsseitiges Prisma

1112 —

1113 Ja.

1114 a) (1) 96 cm^3 (2) 67,5 cm^3 (3) 111,375 cm^3 (4) 1 497,6 cm^3
b) (1) 128 cm^2 (2) 108 cm^2 (3) 139,5 cm^2 (4) 1 294,08 cm^2

1115 a) 3 600 cm^3 b) 14 cm^3 c) 5 250 cm^3 d) 240 cm^3

1116 a) $O = 112\,cm^2$, $V = 64\,cm^3$
b) Die Oberfläche kann hier nicht berechnet werden, da eine Seitenlänge des Parallelogramms nicht bekannt ist. $V = 50\,cm^3$
c) $O = 82{,}7\,cm^2$, $V = 30\,cm^3$
d) $O = 71{,}84\,cm^2$, $V = 24{,}96\,cm^3$

1117 Beide Schachteln haben gleiches Volumen.

1118 1,35 m^3

1119 147 Fuhren

1120 a) 120 m^3 b) 50 m^3 c) 285 m^3 d) 53,01 m^3 e) 74,592 m^3

1121 a) 17 100 m^3 b) 13 680 m^3

1122 —

1123 a), c) und e) sind rechtwinkelig.

1124 —

1125 —

1126 a) 144 b) 17 c) 225 d) 20 e) 121 f) 13 g) 196 h) 16 i) 361 j) 18

1127 a) 169 b) 12 c) 289 d) 14 e) 256 f) 15 g) 400 h) 19 i) 324 j) 11

1128

	a)	b)	c)	d)	e)
a^2	9	25	36	64	81
b^2	16	144	64	225	144
$a^2 + b^2 = c^2$	25	169	100	289	225
Hypotenuse c (in cm)	5	13	10	17	15

1129 a) 34 cm b) 25 cm c) 39 cm d) 45 cm e) 51 cm f) 19,5 cm g) 17,5 cm h) 32,5 cm
i) 110,5 cm j) 25,5 cm k) 45,5 cm l) 12,5 cm m) 59,5 cm n) 22,5 cm o) 71,5 cm

1130 a) 3,6 cm b) 37,2 cm c) 20,8 cm d) 70,5 cm e) 13 cm f) 14,1 cm g) 6 cm h) 81 cm

1131 a) $c = 26{,}1$ cm b) $a = 11$ cm c) $b = 3{,}3$ cm d) $c = 292{,}4$ mm
e) $b = 18{,}6$ cm f) $c = 7{,}4$ cm g) $b = 305{,}7$ mm h) $a = 1$ m

1132 a) $d = 10$ cm b) $d = 8{,}3$ cm c) $d \approx 7{,}1$ cm d) $d = 13$ cm e) $d = 8{,}5$ cm

1133 a) $a = 5{,}7$ cm, $A = 32\,cm^2$ b) $a \approx 4{,}2$ cm, $A = 18\,cm^2$ c) $a = 5{,}1$ cm, $A = 25{,}92\,cm^2$

1134 14,7 m

1135 6, 5 m

1136 ca. 415,3 m

1137 a) 2 : 3 b) 4 : 5 c) 3 : 4 d) 7 : 5 e) 4 : 5 f) 7 : 9 g) 5 : 7 h) 6 : 5

1138 a) 3 : 7 b) 12 : 7 c) 25 : 46 d) 200 : 17 e) 2 : 5 f) 4 : 5 g) 80 : 13 h) 50 : 71

1139 a) 3 : 1 b) 3 : 4 c) 5 : 3 d) 10 : 11 e) 4 : 3 f) 9 : 14 g) 7 : 15 h) 3 : 4

1140 a) a : b = 3,2 : 5,5, c : d = 11 : 19 b) r : s = 4 : 5, t : u = 5 : 13

1141 $\overline{AB} : \overline{CD} = 2{,}9 : 4{,}7$, $\overline{AB} : \overline{EF} = 2{,}9 : 1{,}7$, $\overline{AB} : \overline{GH} = 2{,}9 : 4{,}6$, $\overline{AB} : \overline{IJ} = 2{,}9 : 6{,}1$
$\overline{CD} : \overline{EF} = 4{,}7 : 1{,}7$, $\overline{CD} : \overline{GH} = 4{,}7 : 4{,}6$, $\overline{CD} : \overline{IJ} = 4{,}7 : 6{,}1$
$\overline{EF} : \overline{GH} = 1{,}7 : 4{,}6$, $\overline{EF} : \overline{IJ} = 1{,}7 : 6{,}1$, $\overline{GH} : \overline{IJ} = 4{,}6 : 6{,}1$

1142 a) x = 4, x = 5, x = 18, x = 4 b) x = 2, x = 6, x = 4, x = 2

1143 a) 6 b) 1,35

1144 a) 4:1 b) 1:1 c) 1:2,25 d) 1:2,25 e) 1:9 f) 1:4

1145 —

1146 a) 2 : 3 = 4 : 6 b) Die gegebenen Dreiecke sind zu einander nicht ähnlich.
c) $a : d = c : e = b_1 : b_2$

1147 a) $a_1 = 6\,\text{cm}$ b) $a_1 = 4{,}5\,\text{cm}$

1148 —

1149 a) a = 40 mm, b = 24 mm, $h_a = 20\,\text{mm}$, $A = 800\,\text{mm}^2$, u = 128 mm
b) a = 40 mm, b = 40 mm, $h_a = 20\,\text{mm}$, $A = 800\,\text{mm}^2$, u = 160 mm
c) a = 40 mm, b = 20,5 mm, $h_a = 20\,\text{mm}$, $A = 800\,\text{mm}^2$, u = 121 mm

1150 —

1151 a) c = 13 cm b) Der größte Mann der Welt war 2,72 m groß.
c) Die kleinste Frau der Welt war 59 cm groß. d) Der schwerste Mann der Welt wog 635 kg.
e) Die schwerste Frau der Welt wog 400 kg.

1152 HEUREKA

1153 Figur 1: TRAPEZ Figur 2: RAUTE

1154

GRUNDFLÄCHE	BASE	G
VOLUMEN	VOLUME	V
HÖHE	HEIGHT	h
RAUMDIAGONALE	BODY DIAGONAL	d
SEITENKANTE	LATERAL EDGE	s
UMFANG	PERIMETER	u
MANTEL	LATERAL AREA	M
OBERFLÄCHE	SURFACE AREA	O

1155 Ja.

1156 a) $O = 2ab + 2ah + 2bh$ oder $O = 2 \cdot (ab + ah + bh)$
b) Jedes Zwischenergebnis führt zum Ziel. c) $h = 11$ cm d) $V = a \cdot b \cdot h$
e) $V = 330\,cm^3$ f) Quader

1157 Mögliche Lösungen: Quader 1: $a = 6$ m, $b = 1$ m, $h = 4$ m, $V = 24\,m^3$
Quader 2: $a = 12$ m, $b = 1$ m, $h = 2$ m, $V = 24\,m^3$
Quader 3: $a = 3$ m, $b = 1$ m, $h = 8$ m, $V = 24\,m^3$

1158 2,944 cm

1159 **e (−) k (+) f = 2**

1160 a) Mädchen: 28,5 Punkte; Knaben: 29,1 Punkte b) Knabengruppe
c) Maximum: Mädchen: 40 Punkte; Knaben: 37 Punkte.
Minimum: Mädchen: 18 Punkte; Knaben: 17 Punkte.
d) Spannweite: Mädchen: 22 Punkte; Knaben: 20 Punkte.
Bei der Mädchengruppe ist die Spannweite größer.
Der Leistungsunterschied ist in der Mädchengruppe größer.

1161 —

1162 a) 9,94 € b) Minimum: 5 €; Maximum: 20 €; Spannweite: 15 €

1163 a) 3a: 2,92; 3b: 2,96 b) 3a c) Nein. d) Mehrere Vergleiche anstellen.

1164 verschiedene Lösungen möglich

1165 a) Elisabeth: 25 m; Sonja: 24,4 m
b) Minimum: Elisabeth: 20 m; Sonja: 20 m;
Maximum: Elisabeth: 31 m; Sonja: 32 m;
Spannweite: Elisabeth: 11 m; Sonja: 12 m
c) Elisabeth, wenn man den Mittelwert zum Vergleichen verwendet.
Sonja, wenn man die Bestleistung zum Vergleichen verwendet.

1166 a) bis c) — d) =MIN(B2:B12)
e) z.B.: Die Spannweite gibt hier den Unterschied in der Sprungweite zwischen dem besten und dem schwächsten Schüler an.
f) und g) —

1167 Bei Unklarheiten kann die Anleitung zu 1166 zu Hilfe genommen werden.

1168 a) und b) —
c) Maximum: 19 174 km^2 Niederösterreich), Minimum: 415 km^2 Wien), Spannweite: 18 759 km^2
d) —

1169 Bei Unklarheiten kann die Anleitung zu 1166 zu Hilfe genommen werden.

1170 a) 45 € b) 4,5 l c) 11,9 kg d) 11,2 t e) $\frac{5}{8}$ kg f) $3\frac{1}{8}$ m

1171 a) und b) —
c) Zelle B14: =MAX(B2:B12), Zelle C14: =MAX(C2:C12), Zelle D14: =MAX(D2:D12)
d) — e) Zuerst muss man **3 Werte addieren**. Das Ergebnis wird durch **3 dividiert**.
f) bis h) — i) Menü Datei/Speichern unter …

1172 a) — b) =MITTELWERT(B2:D2) c) =MITTELWERT(B2:B6)
d) Z.B.: Die Mittelwerte in Spalte E geben an, **welchen Notendurchschnitt jeder Schüler erreicht hat**. Die Mittelwerte in Zeile 8 geben an, **welche Schularbeit am besten schlechtesten) ausgefallen ist**.
e) Geht man vom Mittelwert aus, dann ist die 3. Schularbeit am besten ausgefallen.

1173 a) =MITTELWERT(B2:B5) b) =MITTELWERT(B2:D2)
c) =B2+B3+B4+B5 oder =SUMME(B2:B5) d) —

1174 a) Blockdiagramm b) Säulendiagramm c) bis e) —

1175 a) 7–8 Uhr: Einsetzen einer Heizung, elektrische Warmwasserbereitung, Zubereitung des Frühstücks, Beleuchtung.
11–12 Uhr: Zubereitung des Mittagessens mit Hilfe diverser Elektrogeräte.
19–20 Uhr: Zubereitung Abendessen, Unterhaltungselektronik.
b) Die Familienmitglieder sind in der Schule bzw. im Beruf. Nach 22 Uhr sinkt der Stromverbrauch, weil die Menschen zu dieser Zeit schlafen.
c) Maximum: etwa 1,9 kWh; Minimum: rund 0,2 kWh

1176 a) 7–11 Uhr
b) In diesem Zeitraum 13–15 Uhr) gibt es ein Leistungstief!
c) Dies ist nicht günstig, weil die Leistungsbereitschaft zu dieser Zeit normalerweise sehr gering ist.

1177 a) Liniendiagramm
b) Nach einer geringen Bevölkerungszunahme zwischen 1900 und 1923 blieb die Einwohnerzahl bis 1939 annähernd konstant. Seit der Volkszählung von 1951 kann ein ständiges Wachstum der Einwohnerzahl festgestellt werden.
c) Tirol

1178 a) und b) — c) Hauptschule: 60 000 und 70 000, AHS: 20 000 und 30 000
d) Hauptschule: etwa 65 000, AHS: etwa 25 000, Irreführung, Täuschung, Fehlinterpretationen, …
e) Kreisdiagramm
f) —

1179 a) =Summe(B2:B5) oder =B2+B3+B4+B5 b) —

1180 a) und b) —
c) Das Wachstum der Einwohnerzahl erscheint im Vergleich mit der ersten Darstellung nun als wesentlich stärker.

1181 a) bis c) —
d) … in **Salzburg** und in **Tirol** zusammen. Etwa ein Fünftel aller Österreicher lebt in **Wien**. …wie **im Burgenland**.
e) —

1182 —

1183 a) und b) —
c) Die Arbeitslosenquote ist im Vergleichszeitraum in Österreich niedriger als in der EU. Die Entwicklung der Arbeitslosenquote verläuft aber ähnlich.

1184 a) —
b) Landw. Nutzung: 1 916 km^2, Wald: 5 043 km^2, Alpen: 1 525 km^2, Gewässer: 172 km^2, Sonstiges: 877 km^2

1185 —

1186 a)

x	y
0	2
1	3
2	4
3	5
4	6
5	7

b)

x	y
0	0
1	2,5
2	5
3	7,5
4	10
5	12,5

c)

x	y
1	5
2	7
3	9
5	13
10	23
20	43

d)

x	y
1	1,5
2	7
3	12,5
5	23,5
10	51
20	106

1187 a)

x	y
0	2
1	0
2	−2
3	−4
4	−6
5	−8

b)

x	y
0	0
1	1
2	2
3	3
4	4
5	5

c)

x	y
1	1
2	4
3	9
5	25
10	100
20	400

d)

x	y
1	3
2	3
3	3
5	3
10	3
20	3

1188

	x	0	1	2	3	4	5	6	7	8	9	10	11	12
a)	y	1	2,5	4	5,5	7	8,5	10	11,5	13	14,5	16	17,5	19
b)	y	5	12	19	26	33	40	47	54	61	68	75	82	89
c)	y	−5,5	−0,5	4,5	9,5	14,5	19,5	24,5	29,5	34,5	39,5	44,5	49,5	54,5
d)	y	1,5	2	2,5	3	3,5	4	4,5	5	5,5	6	6,5	7	7,5
e)	y	−6	−3	0	3	6	9	12	15	18	21	24	27	30
f)	y	−9	−4,5	0	4,5	9	13,5	18	22,5	27	31,5	36	40,5	45
g)	y	8	6	4	2	0	−2	−4	−6	−8	−10	−12	−14	−16
h)	y	−5	−9	−13	−17	−21	−25	−29	−33	−37	−41	−45	−49	−53
i)	y	−2,5	−3	−3,5	−4	−4,5	−5	−5,5	−6	−6,5	−7	−7,5	−8	−8,5
j)	y	9,6	8,1	6,6	5,1	3,6	2,1	0,6	−0,9	−2,4	−3,9	−5,4	−6,9	−8,4
k)	y	0,25	0	−0,25	−0,5	−0,75	−1	−1,25	−1,5	−1,75	−2	−2,25	−2,5	−2,75
l)	y	$\frac{1}{6}$	$-\frac{1}{6}$	−0,5	$-\frac{5}{6}$	$-1\frac{1}{6}$	−1,5	$-1\frac{5}{6}$	$-2\frac{1}{6}$	−2,5	$-2\frac{5}{6}$	$-3\frac{1}{6}$	−3,5	$-3\frac{5}{6}$

1189 a) Briefgewicht → Porto b) Menge → Preis, Preis → Menge
c) Ringer → Gewichtsklasse d) Fallhöhe → Fallzeit, Fallzeit → Fallhöhe
e) Schüler → Taschengeld f) Anzahl SMS → Kosten, Kosten → Anzahl SMS

1190 —

1191 —

1192 OPTIMAL

1193 a) $y = 4x$ b) $y = x$ c) $y = 2,5x$ d) $y = 12,5x$ e) $y = 0,5x$ f) $y = 0,2x$
g) $y = x^2$ h) $y = \frac{1}{x}$

1194 a) $y = 5x$ b) $y = 0,5x$ c) $y = x - 1$ d) $y = 3x - 2$ e) $y = 3,5x$ f) $y = 4x - 7$

1195 a) $y = 1,45x$ b) $y = 1,15x$ c) $y = 1,58x$ d) $y = 82,20x$

1196 A: $y = 0,62x$ B: $y = 0,55x$ C: $y = 0,545x$ D: $y = 0,54x$ E: $y = 0,535x$ F: $y = 0,53x$
G: $y = 0,52x$

1197 a) $y = 0{,}453\,59x$

b)

Masse in lb	$\frac{1}{2}$	$\frac{3}{4}$	$1\frac{1}{4}$	$2\frac{1}{4}$	$3\frac{3}{4}$
Masse in kg	≈ **0,227**	≈ **0,340**	≈ **0,567**	≈ **1,021**	≈ **1,701**

1198 $y = 1\,500x$

1199 —

1200 a)

x	y
0	4
1	7
2	10
3	13
4	16
5	19

b)

x	y
0	6,5
1	10,5
2	14,5
3	18,5
4	22,5
5	26,5

c)

x	y
0	3
1	4,5
2	6
3	7,5
4	9
5	10,5

d)

x	y
0	6
1	12
2	18
3	24
4	30
5	36

1201 a) f: $y = 4x$

b)

Seitenlänge in cm	0	0,5	1	1,5	2	2,5	3	3,5
Umfang in cm	**0**	**2**	**4**	**6**	**8**	**10**	**12**	**14**

1202 a) f: $y = x^2$

b)

Seitenlänge in cm	0	0,5	1	1,5	2	2,5	3	3,5
Flächeninhalt in cm^2	**0**	**0,25**	**1**	**2,25**	**4**	**6,25**	**9**	**12,25**

1203 a) $y = \frac{x}{2} + 2$

x	y
0	2
1	2,5
2	3
3	3,5
4	4
5	4,5
6	5
7	5,5
8	6
9	6,5
10	7

b) $y = 5 - x^2$

x	y
−3	−4
−2	1
−1	4
0	5
1	4
2	1
3	−4

c) $y = 2x$

x	y
−3	−6
−2	−4
−1	−2
0	0
1	2
2	4
3	6

d) $y = \frac{1}{x}$

x	y
−5	−0,2
−4	−0,25
−3	$-0,\dot{3}$
−2	−0,5
−1	−1
−0,5	−2
−0,1	−10

x	y
0,1	10
0,5	2
1	1
2	0,5
3	$0,\dot{3}$
4	0,25
5	0,2

1204 x wird mit einem bestimmten Wert **multipliziert** oder durch einen bestimmten Wert **dividiert**. Anschließend kann noch eine **Addition** oder **Subtraktion** folgen.

1205 a) $y = 1{,}8 \cdot x$
x steht hier für **die Menge an Bananen in kg**,
y für **den Preis in €**.

b)

x	y
0	0
1	1,8
2	3,6
3	5,4
4	7,2
5	9
6	10,8
7	12,6
8	14,4

c) 0 € bzw. 4,50 €

d) … **2-fache, 3-fache, x-fache** …

1206 a) Ein Heft kostet 0,87 €.
b) $y = 0{,}87 \cdot x$
x steht hier für **die Anzahl der Hefte**,
y für **den Preis in Euro**.
d) Nein, denn es können nicht z.B. 2,5 Hefte gekauft werden.

c)

x	y
0	0
1	0,87
2	1,74
3	2,61
4	3,48
5	4,35
6	5,22

1207 a) $y = 1{,}2 \cdot x + 2$
c) 2 € bzw. 5 €
d) 2 €
e) ⊗ falsch

b)

x	y
0	2
1	3,2
2	4,4
3	5,6
4	6,8
5	8
6	9,2
7	10,4
8	11,6

1208 a) $y = 50x + 50$
c) 75 € bzw. 275 €
d) weniger als

b)

x	y
0	50
1	100
2	150
3	200
4	250
5	300
6	350
7	400
8	450

1209 a) immer b) nie c) immer d) direkt proportionale

1210 a) bis d) — e) In rund 34 Sekunden. 596 km, 1 192 km f) bis h) —

1211 a) $s = 5 \cdot t$ bzw. $y = 5 \cdot x$
b) bis d) —

1212 a) 75 km/h b) $y = 75 \cdot x$ c) —
d) 150 km, 225 km, 375 km, 525 km e) 2 h 40 min, 5 h 20 min, 8 h, 10 h 40 min

1213 a) Luft: $y = 340x$; Wasser: $y = 1\,500x$
b) Eingabe für B2: =340*A2, Eingabe für C2: =1500*A2
c) bis e) —

1214 —

1215 a) Fahrzeug A: $y = 60x$; Fahrzeug B: $y = 80x$ b) und c) —

1216 a) $y = \frac{x \cdot 1{,}5}{100}$
b) Die Eingabe für die Zelle B2 lautet: **=A2*1,5/100**. Durch Kopieren der Formel wird die Spalte B gefüllt. Formatieren auf 2 Dezimalstellen: Spalte B markieren, Menü **Format / Zellen …**, Registerkarte **Zahlen**, Kategorie **Zahl** / Dezimalstellen **2**
c) und d) —
e) ausgenommen 220 €

1217 $y = \frac{x \cdot 3}{100}$ a) Die Zinsen verdoppeln sich. b) Die Zinsen verdreifachen sich.

1218 $y = \frac{x \cdot 7}{100}$ a) Die Zinsen verdoppeln sich. b) Die Zinsen verzehnfachen sich.
c) Die Zinsen werden halbiert.

1219 a) Formel für C2: =A2*4/100, Formel für D2: =A2*5/100 b) und c) —
d)

Kapital	Zinsen bei p = 2%	Zinsen bei p = 4%	Zinsen bei p = 5%
20 €	**0,40 €**	**0,80 €**	**1 €**
30 €	**0,60 €**	**1,20 €**	**1,50 €**
75 €	**1,50 €**	**3 €**	**3,75 €**

1220 a) Die Zinsen vervierfachen sich. b) Die Zinsen werden halbiert.
c) Die Zinsen vervierfachen sich. e) Die Zinsen bleiben gleich.

1221 a) Die Zinsen verfünffachen sich. b) Die Zinsen verdoppeln sich.
c) Die Zinsen werden geviertelt. d) Die Zinsen bleiben gleich.
e) Die Zinsen bleiben gleich.

1222 rund 9,03 €

1223 a) $y = \frac{2\,000 \cdot 4 \cdot x}{36\,000}$ b) $= 2000 * 4 * A2/36000$
c) — d) … **mehr Zinsen**. … dann **werden auch die Zinsen halbiert**.

1224 a) Die Zinsen verdoppeln sich. b) Die Zinsen werden ebenso auf ein Drittel reduziert.

1225 a) Die Zinsen werden verfünffacht. b) Die Zinsen verdoppeln sich.
c) Die Zinsen sinken auf ein Viertel. d) Die Zinsen bleiben gleich.
e) Die Zinsen bleiben gleich.

1226 —

1227 a) Lineare Funktion b) $= 0{,}12 * A2 + 69$ c) —
d) 69 €; 0,189 €; 0,1545 €; 0,143 €. Die Gesamtkosten steigen, der Preis pro kWh sinkt.

1228 —

1229 a) $y = 0{,}4x + 23$ b) bis d) —

1230 —

1231 a) 93,16 € b) $y = 1{,}2x + 93{,}16$ c) und d) —

1232 a) Unternehmen A: $y = 1{,}2x$, Unternehmen B: $y = x + 120$
b) Formel für B2: =1,2*A2, Formel für C2: =A2+120
c) Die Graphen schneiden einander bei **600 km**, hier sind die Kosten bei beiden Unternehmen gleich.
d) Für eine Fahrtstrecke von unter **600 km** ist Unternehmen **A** günstiger.
Bei einer Fahrtstrecke von über **600 km** ist Unternehmen B **günstiger**.

1233 a) Wertkartenhandy: $y = 0,44x$, Handy mit Grundgebühr: $y = 7,19 + 0,36x$
b) und c) — d) Das Tarifschema für das Wertkartenhandy.
e) Ab etwa 90 Minuten (genau: 89,875 min).

1234 a) Minimumtarif: $y = 0,07x + 14,39$, Standardtarif: $y = 0,06x + 17,44$
b) und c) — d) 240 min: Minimumtarif; 360 min: Standardtarif
e) Etwa ab 300 Minuten (genau: 305 min).

1235 a) 75 Minuten b) Je länger du telefonierst, desto weniger **Guthaben verbleibt**. f: $y = 33 - 0,44x$
c) =33−0,44*A2 d) —
e) Bei 75 Minuten. Es kann nicht weiter telefoniert werden. Nein.

1236 a) $y = 18 - x$ b) und c) — d) 18 Stunden e) 14 cm, 12 cm, 2 cm
f) Die Kerze müsste um 2 cm länger sein, um 20 Stunden brennen zu können.

1237 a) $y = 17,5 - 1,25x$ b) und c) — d) 14-mal
e) Es fehlen genau 1,25 Liter für die 15. Tankfüllung.

1238 a) $y = 210 - 3,5x$ b) Nach 60 Stunden. c) und d) —

1239 a) $y = 250 - 4x$ b) Nach 62 Stunden 30 Minuten. c) und d) —

1240 a) $y = 7 - 0,2x$ b) Nach 35 Minuten. c) und d) —
e) Werte im Bereich zwischen 0 und 35 Minuten wählen.

Folgende **Kernziele** (das sind die wichtigsten Grundlagen und Fertigkeiten) solltest du nach diesen Kapiteln beherrschen:
Bei manchen Themen findest du auch eine Internetadresse, die dich zu Übungsaufgaben führt.

K1 Du sollst die rationalen Zahlen in verschiedenen Formen deuten können, z. B. als Bankkontostände, Temperaturen, Höhenangaben usw. oder als Punkte auf dem Zahlenstrahl, als Zustandsgrößen und als gerichtete Pfeile auf der Zahlengeraden. Du sollst rationale Zahlen der Größe nach *sicher* und *geläufig* ordnen und anschreiben können.

K2 Du sollst die Rechenregeln für das Addieren und Subtrahieren von rationalen Zahlen kennen und sie *sicher* in Aufgabenstellungen mit einfachen Zahlen anwenden können, wobei du die Sicherheit beim Kopfrechnen verstärkst.

http://www.padl.ac.at/mm-team/software/MATH/ABLATT/BSP/Sst7/default.htm
Unter dieser Internetadresse ist unter „Rechnen in $\mathbb{Q}$“ ein Arbeitsblatt mit Lösungen zu finden.
http://www.zum.de/Faecher/M/Berlin/mb7/mb-7.htm
Hier findet man viele Übungen.

K3 Du sollst die Rechenregeln für das Multiplizieren und Dividieren von rationalen Zahlen kennen und sie *sicher* in Aufgabenstellungen mit einfachen Zahlen anwenden können, wobei du die Sicherheit beim Kopfrechnen verstärkst.

http://www.padl.ac.at/mm-team/software/MATH/ABLATT/BSP/Sst7/default.htm
Unter dieser Internetadresse ist unter „Rechnen in $\mathbb{Q}$“ ein Arbeitsblatt mit Lösungen zu finden.

K4 Du sollst Aufgaben mit positiven rationalen Zahlen, die durch die vier Grundrechenarten verkettet sind, *sicher* unter Beachtung der Rechenregeln lösen und mit Hilfe des Taschenrechners *geläufig* berechnen können.

K5 Du sollst Aufgaben mit positiven und negativen rationalen Zahlen, die durch die vier Grundrechenarten verkettet sind, *sicher* unter Beachtung der Rechenregeln lösen und mit Hilfe des Taschenrechners *geläufig* berechnen können.

http://www.zum.de/ma/fendt/md/rechner.htm
http://www.zum.de/schule/Faecher/M/MRW/pm/mathe/jsrech.htm
Unter dieser Internetadresse sind die folgenden Dateien zum Üben zu finden:
„Bruchrechnung (Erweitern und Kürzen)“ – JavaScript Rechner
„Bruchrechnung (Grundrechenarten)“ – JavaScript Rechner

K6 Du sollst Quadratzahlen als Potenz anschreiben und als Flächeninhalt eines Quadrates interpretieren können. Ebenso sollst du die Quadratwurzel aus einer positiven Zahl als zwischen zwei natürlichen Zahlen liegende Zahl abschätzen und unter Zuhilfenahme des Taschenrechners ihren Wert angeben können.

http://www.matheprisma.uni-wuppertal.de/Module/Quadrat/index.htm
Unter dieser Internetadresse ist die folgende Datei zum Üben zu finden:
„Quadratzahlen“ – Formeln aus arithmetischer und geometrischer Sicht

K7 Du sollst Potenzen *sicher* anschreiben und anwenden können.

http://www.zum.de/schule/Faecher/M/NRW/pm/mathe/potenz-u.htm
Unter dieser Internetadresse ist die folgende Datei zum Üben zu finden:
„Potenzen“ – mit Lösungen

K8 Du sollst Zahlen – und zwar vor allem solche, die in sachbezogenen Problemstellungen vorkommen – mit Hilfe von Zehnerpotenzen *geläufig* darstellen können.

http://www.padl.ac.at/mm-team/software/MATH/ABLATT/BSP/Sst7/default.htm
Unter dieser Internetadresse ist unter „Zehnerpotenzen“ ein Arbeitsblatt mit Lösungen zu finden.

K9 Du sollst die Aufgabenstellungen der Kernziele K1 bis K8 *geläufig* ausführen und auch *sicher* in einfachen Problemstellungen aus dem Alltag bzw. aus Themengebieten anderer Wissensgebiete anwenden können.

http://www.zum.de/schule/Faecher/M/BW/M.htm
Unter dieser Internetadresse ist die folgende Datei zum Üben zu finden:
„Rationale Zahlen, Terme"

K10 Du sollst einfache Formeln oder Terme aufstellen und unter Beachtung der Rechenregeln für die Addition, Subtraktion, Multiplikation und Division *sicher* vereinfachen können.

http://www.zum.de/Faecher/M/NRW/pm/mathe/maufgs.htm
Unter dieser Internetadresse ist die folgende Datei zum Üben zu finden:
„Zusammenfassen von Termen" – mit Lösungen

K11 Du sollst die Vereinfachungen von einfachen Formeln oder Termen mit Hilfe der Rechengesetze (Kommutativgesetz, Assoziativgesetz und Distributivgesetz) *geläufig* ausführen können.

http://www.padl.ac.at/mm-team/software/MATH/ABLATT/BSP/Sst7/default.htm
Unter dieser Internetadresse sind unter „Terme", „Faktor heraush." und „Binomische F." Arbeitsblätter mit Lösungen zu finden.

K12 Du sollst lineare Gleichungen in einer Variablen über einer gegebenen Grundmenge G mit mehreren Umformungsschritten (Äquivalenzumformungen) lösen, die Richtigkeit durch eine Probe feststellen und die Lösungsmenge anschreiben können.

K13 Du sollst einfache Umformungen von Formeln und Termen durch Rechenregeln *ausführlich* begründen können.

K14 Du sollst Aufgaben aus Anwendungsbereichen und in der Geometrie durch das Umformen von Formeln oder Termen *sicher* lösen können.

K15 Du sollst Formeln in Sachsituationen und in der Geometrie *geläufig* aufstellen können.

K16 Du sollst Punkte im Koordinatensystem lagegenau einzeichnen und die Koordinaten von eingezeichneten Punkten *genau* ablesen und anschreiben können.

http://www.padl.ac.at/mm-team/software/MATH/ABLATT/BSP/Sst7.default.htm
Unter dieser Internetadresse ist unter „Koordinaten 1" ein Arbeitsblatt mit Lösungen zu finden.

K17 Du sollst die Formeln für den Flächeninhalt von Dreiecken *genau* begründen und damit den Flächeninhalt *sicher* berechnen und Umkehraufgaben *geläufig* lösen können.

K18 Du sollst die Formeln für den Flächeninhalt von Vierecken *genau* begründen und die Flächeninhalte *sicher* berechnen und Umkehraufgaben *geläufig* lösen können.

http://www.padl.ac.at/mm-team/software/MATH/ABLATT/BSP/Sst7/default.htm
Unter dieser Internetadresse ist unter „A = A1 + A2 ..." ein Arbeitsblatt mit Lösungen zu finden.

K19 Du sollst den Rauminhalt und die Masse von Prismen *sicher* berechnen, sie zeichnerisch *sauber* darstellen und Umkehraufgaben *geläufig* lösen können.

K20 Du sollst den Rauminhalt und die Masse von Pyramiden *sicher* berechnen und einfache Umkehraufgaben *geläufig* lösen können.

K21 Du sollst von Gegenständen, die die Gestalt eines Prismas oder einer Pyramide haben, ein *sauberes* Bild (einen Schrägriss) zeichnen können.

K22 Du sollst die Oberfläche von Prismen berechnen und einfache Umkehraufgaben *sicher* lösen können.

K23 Du sollst in rechtwinkeligen Dreiecken *sicher* die Katheten und die Hypotenuse erkennen, den pythagoräischen Lehrsatz anschreiben und damit fehlende Seitenlängen berechnen können.

K24 Du sollst mit Hilfe des pythagoräischen Lehrsatzes fehlende Längen von Vierecken berechnen können, z. B. die Länge der Diagonale eines Quadrates, eines Rechteckes, eines Deltoids, eines Trapezes, die Länge der Höhe eines gleichschenkeligen und gleichseitigen Dreieckes.

http://www.eduvinet.de/gebhardt/mathe/pythagoras
http://www.cinderella.de/de/demo/gallery/pythagoras.htm

K25 Du sollst Verhältnisse *geläufig* vereinfachen, Verhältnisgleichungen *sicher* auflösen und einfache Problemstellungen aus dem Alltag (z. B. Maßstabsrechnungen, Teilungsaufgaben, ...) damit lösen können.

http://www.padl.ac.at/mm-team/software/MATH/ABLATT/BSP/Sst7/default.htm
Unter dieser Internetadresse ist unter „Proportionen" ein Arbeitsblatt mit Lösungen zu finden.

K26 Du sollst ähnliche Figuren *sicher* erkennen und ihre Ähnlichkeit *ausführlich* begründen können.

K27 Du sollst die Maßbeziehungen zwischen ähnlichen Figuren *geläufig* aufstellen und Figuren *sauber* vergrößern bzw. verkleinern können.

K28 Du sollst den Zusammenhang zwischen verschiedenen Größen (funktionale Abhängigkeiten) *sicher* erkennen und den Graphen *sauber* zeichnen können.

http://www.zum.de/schule/Faecher/Materialien/gebhardt/index.htm
Unter „Schaubilder" bzw. „Beispiele" gibt es die Möglichkeit, Funktionen online darstellen zu können.

K29 Du sollst für Wachstums- und Abnahmeprozesse (z. B. Telefonrechnungen, Stromrechnungen, Berechnung von Zinsen etc.) die dazugehörigen Funktionsgleichungen sicher aufstellen und ihre Graphen zeichnen bzw. mit Hilfe von Computerprogrammen in Diagrammen verarbeiten können.

http://www.zum.de/schule/Faecher/Materialien/gebhardt/index.htm
Unter „Schaubilder" bzw. „Beispiele" gibt es die Möglichkeit, Funktionen online darstellen zu können.

Allgemeine Internetadressen:

http://www.padl.ac.at/mm-team/software/MATH/ABLATT/default.htm
http://www.zum.de/dwu/umamaz.htm
http://mathematik.zum.de
http://www.mathe-online.at
http://www.zahlenjagd.at
http://www.eduhi.at/gegenstand/mathematik
http://www.mathe.tsn.at/bereiche.htm

Bemerkung zu den Internetadressen:
Sämtliche hier angeführten Internetadressen wurden bei Redaktionsschluss des Werks (August 2002) überprüft. Autoren und Verlag können keine Gewähr dafür übernehmen, dass die betreffenden Internetseiten auch weiterhin verfügbar sein werden.

Hier kannst und sollst du dein Wissen überprüfen. Du findest für jedes Kernziel eine Aufgabe:

K1 a) Drücke mit Hilfe von Vorzeichen aus: 7° C unter Null; 18 € Haben; 33 m unter dem Meeresspiegel (= Depression)

b) Auf dem Tisch liegen 12 Karten mit rationalen Zahlen:

$-1{,}5$	$0{,}7$	2	$0{,}9$
$-0{,}5$	$-0{,}75$	$-1\frac{15}{100}$	$1\frac{2}{10}$
$1{,}8$	$0{,}2$	Meine Zahl liegt 2 Einheiten rechts von -3.	Meine Zahl ist eine ganze Zahl größer als -1 und kleiner als $+1$.

Zeichne einen Zahlenstrahl mit der Längeneinheit 3 cm.
Zeichne auf dem Zahlenstrahl die 12 Zahlen aus der Tabelle ein.
Schreibe diese Zahlen in geordneter Reihenfolge an! Verwende dazu das „<“-Zeichen.

c) Zeichne die gerichteten Pfeile von x, y und z! Längeneinheit ist 3 cm.
$x = 2$ $\quad$ $y = -1\frac{1}{2}$ $\quad$ $z = -2$

K2 a) Andrea kommt nicht immer mit dem Taschengeld aus. Manchmal kann sie sich von der Großmutter kleine Beträge ausleihen. Am 5. März schuldete Andrea der Großmutter 5 €. Seither hat sie 3 € zurück gegeben, sich aber später wieder 2,50 € und 3,75 € ausgeborgt und schließlich wieder 3 € zurück gegeben. Andrea möchte nun wissen, wie viele Euro sie der Großmutter schuldet. Schreibe die Rechnung und den Schuldenstand von Andrea an.

b) Berechne ohne TR, möglichst im Kopf: $(-5) - (-2) + (+7) - (+3) =$

c) Schreibe die Rechnung ohne Klammern an und berechne das Ergebnis:
$(-11) - (-7) + (-3) + (+7) =$

K3 a) $(-4) \cdot (+7) - (-33) : (-3) =$

b) $[(-25) : (+5) - 1] + (-2{,}5) \cdot (+2) =$

c) $(+4{,}3) \cdot (-7{,}2) - [(-6{,}5) : (-5) + 1] =$

K4 a) Berechne das Ergebnis zuerst mit dem TR und kontrolliere es dann durch eine Rechnung ohne Zuhilfenahme des TRs: $5{,}5 \cdot (4\frac{3}{4} + 2\frac{1}{2} : \frac{1}{8}) + 1 =$

b) Susanne bezahlte für ihr neues Fahrrad inklusive 20% Mehrwertsteuer 558,80 €. Herwig sah ein Fahrrad des selben Typs in einem anderen Geschäft um 460 € exklusive 20% Mehrwertsteuer. Vergleiche die beiden Angebote und schreibe an, für welches Angebot du dich entschieden hättest. Begründe deine Antwort. Schreibe jeden notwendigen Rechenschritt an und berechne die Ergebnisse mit Hilfe des TRs.

K5 a) Berechne mit dem TR und gib das Ergebnis als Bruch an: $[(-2\frac{1}{4}) \cdot 1\frac{1}{3} - \frac{3}{4}] : (-1\frac{1}{2}) =$

b) Subtrahiere vom Quotienten der Zahlen $(-123{,}78)$ und $35{,}96$ das Produkt der Zahlen $14\frac{2}{7}$ und $(-8\frac{3}{4})$. Schreibe zuerst die Rechnung an, führe eine Überschlagsrechnung aus und berechne anschließend mit dem TR das Ergebnis. Runde es auf 2 Stellen.

K6 a) Kurt bastelt eine „Quadratkette“. Das geht so:
Er schneidet ein Quadrat mit der Seitenlänge a cm aus, teilt es in 4 gleich große Teile, schneidet den rechts unten liegenden Teil weg und legt ihn an den rechts oben liegenden Teil dran. Mit diesem Teil verfährt er wieder so, usw. Er setzt diesen Vorgang 3-mal fort. Berechne den Flächeninhalt der „Quadratkette“ und gib ihn in möglichst einfacher Form an. Welchen Flächeninhalt hat die „Quadratkette“, wenn Kurt den Vorgang 5-mal oder 7-mal ausführt?

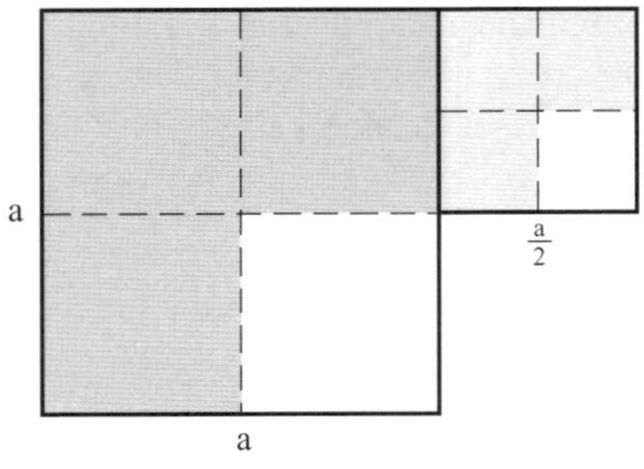

b) Skizziere einen sauberen Schrägriss eines Würfels mit der Kantenlänge a. Schreibe die Formel zur Berechnung der Mantel- und der Oberfläche an. Welche Länge hat die Kante, wenn der Oberflächeninhalt 121,5 cm^2 beträgt?

K7 a) Karin bastelt einen Würfel mit der Seitenlänge a. Wie viele cm^2 Papier muss sie mindestens vorbereiten? Welchen Rauminhalt hat dieser Würfel? Welche Länge hat die Summe aller Kanten? Schreibe zuerst jeweils die Formeln für die gesuchten Größen an und berechne dann deren Werte für a = 5,5 cm.

b) Zerlege die Zahl 144 in Primfaktoren und schreibe sie dann in der Potenzschreibweise an.

c) Berechne:

	$3 \cdot a$	$5 \cdot a^2$	$5 \cdot a^2 + 3 \cdot a$	$2 \cdot a^3$	$2 \cdot a^3 + 5 \cdot a^2 + 3a$
$a = 2$					
$a = -4$					

K8

Wassermengen auf der Erde	
Grundwasser	8 407 000 km^3
Oberflächenwasser	230 000 km^3
Polar- und Gletschereis	29 190 000 km^3
Arktischer Ozean	13 700 000 km^3
Indischer Ozean	284 610 000 km^3
Atlantischer Ozean	337 210 000 km^3
Pazifischer Ozean	714 410 000 km^3
Wetter der Atmosphäre	13 000 km^3
	Aus Praxis Geografie, 6/1999, Westermann Verlag

a) Schreibe alle Angaben in der Gleitkommadarstellung an. Z. B.: $2\,400\,000 = 2{,}4 \cdot 10^6$

b) Arbeite mit einem Tabellenkalkulationsprogramm und erstelle ein Kreisdiagramm, in welchem den einzelnen Typen ihre prozentuellen Anteile zugeordnet werden. Gib die prozentuellen Anteile auf 2 Dezimalstellen genau an.

c) Kontrolliere die Computerergebnisse, indem du die Prozentsätze mit Hilfe des TRs ausrechnest.

K9 Frau Bauer verwendet Elektronik-Banking und kann deshalb zu Hause den Kontoauszug ausdrucken. Hier ist der Ausdruck für den Monat Oktober 2002:

1. 10. 2002	Alter Kontostand	+ 905,77 €
2. 10. 2002	Miete für die Wohnung	– 500,00 €
5. 10. 2002	KFZ-Steuer f. Auto S-317 JX	– 57,13 €
10. 10. 2002	Versicherung	– 72,17 €
15. 10. 2002	Gehalt 10/02	+ 1136,00 €
18. 10. 2002	Strom, Gas, Wasser	– 103,60 €
25. 10. 2002	Telekom 9/02	– 51,61 €
29. 10. 2002	Sitzungsgelder	+ 26,00 €

Beantworte die folgenden Fragen und schreibe die dazugehörenden Rechnungen an:

a) Wie lautet der neue Kontostand?

b) Welcher Gesamtbetrag wurde im Oktober vom Konto von Frau Bauer abgebucht?

c) Welcher Gesamtbetrag wurde auf dem Konto gutgeschrieben?

d) Wie groß ist der Unterschied zwischen dem neuen und dem alten Kontostand?

K10 a) Vereinfache den Term $3{,}2x - 4{,}7y - 3{,}6y + 5{,}6x + 1{,}7x$!

b) Vereinfache den Term $3{,}2x \cdot (-4{,}7y)$!

c) Schreibe den Umfang u dieses Trapezes an und vereinfache den Term so weit wie möglich.
Anleitung: Verschiebe die Seite BC parallel in den Punkt D. Dadurch entsteht ein spezielles Dreieck.

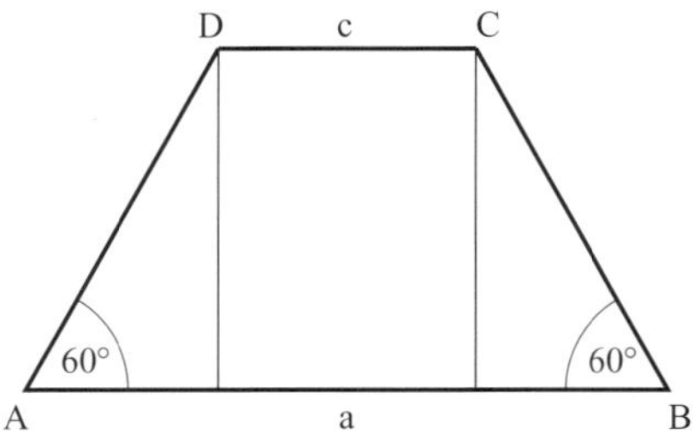

d) Schreibe als möglichst einfachen Term an: Die Summe aus dem Dreifachen und der Hälfte einer Zahl a wird mit 7 multipliziert.

K11 a) Vereinfache den Term: $(3{,}1r - 4{,}7s + 5) - (5{,}6s - 3{,}7r - 11) =$
Probe für: $r = -1, s = 2$

b) Vereinfache den Term: $(3{,}1r - 4{,}7s) \cdot (-3) =$

c) Alexandras Holzbaustein setzt sich aus einem Würfel mit der Seitenlänge a und einem Quader mit gleich großer Grundfläche und einer Höhe der doppelten Seitenlänge zusammen. Schreibe eine Formel für die Kantenlängensumme l und die Oberfläche O in möglichst einfacher Form an.

d) Zerlege den Term durch Herausheben in ein Produkt: $-14{,}4a - 7{,}2b + 3{,}6c =$

K12 a) Löse die folgende Gleichung über der Grundmenge $G = \mathbb{Q}^+$, führe mit dem TR eine Probe durch und schreibe die Lösungsmenge L an: $4 \cdot (\frac{2x}{3} - 6) - 3 = 7 \cdot (\frac{3x}{5} + 4) - 61$

b) Susanne will diese Aufgabe über $G = \mathbb{Q}^-$ lösen. Wie sieht ihre Lösungsmenge aus? Begründe deine Antwort!

K13 a) Schreibe die Flächenformel für das Parallelogramm an. Drücke jede der vorkommenden Variablen (A, a, h_a) oder (A, b, h_b) durch die jeweils anderen aus, schreibe jeden Umformungsschritt an und begründe ihn.

b) Skizziere den Schrägriss eines Quaders. Schreibe die Formel für die Oberfläche des Quaders an. Drücke jede der vorkommenden Variablen (O, a, b, c) durch die jeweils anderen aus, schreibe jeden Umformungsschritt an und begründe ihn.

K14 Der Umfang eines gleichschenkeligen Dreiecks beträgt 43 cm. Welche Länge hat die Basis, wenn jeder Schenkel um 8 cm länger als die Basis ist? Fertige eine geeignete Skizze an, schreibe die Gleichung an, überlege eine sinnvolle Grundmenge und löse die Gleichung. Kontrolliere die Richtigkeit des Ergebnisses an Hand des Aufgabentexts.

K15 a) Stelle eine Formel für den Umfang u und den Flächeninhalt A des nebenstehenden Trapezes auf und vereinfache diese so weit wie möglich.

b) Susi formt mit einer 1 m langen Schnur ein Quadrat. Welche Länge hat die Seite b eines flächengleichen Rechteckes mit $a = 31{,}25$ cm? Wie groß ist der Unterschied der beiden Umfänge?

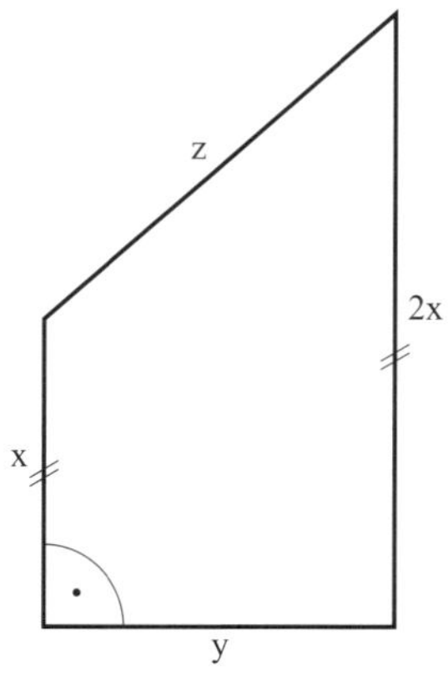

K16 Zeichne das Fünfeck ABCDE $[A(-5|-5), B(0|-7), C(3|-4), D(6|1), E(-1|4)]$ in ein Koordinatensystem mit der Längeneinheit 1 cm ein. Spiegle das Fünfeck an der x-Achse und schreibe die Koordinaten der gespiegelten Punkte A', B', C', D' und E' an. Welche Koordinaten hat der Schnittpunkt S der Strecken $C'D'$ und CD?

K17 Du siehst hier den Querschnitt eines Holzträgers.

a) Zeichne die Querschnittsfläche im Maßstab 1 : 10 für $a = 11{,}8$ dm; $b = 2$ dm; $c = 3$ dm; $d = 10$ dm

b) Stelle eine Formel für den Flächeninhalt in vereinfachter Form auf und erkläre das Zustandekommen derselben.

c) Berechne den Flächeninhalt mit den angegebenen Werten.

d) Schreibe den Term für die Querschnittsfläche in Abhängigkeit von x an, wenn $a = 4 \cdot x$; $b = \frac{3}{4} \cdot x$; $c = 1\frac{1}{2} \cdot x$; $d = 2{,}4 \cdot x$.

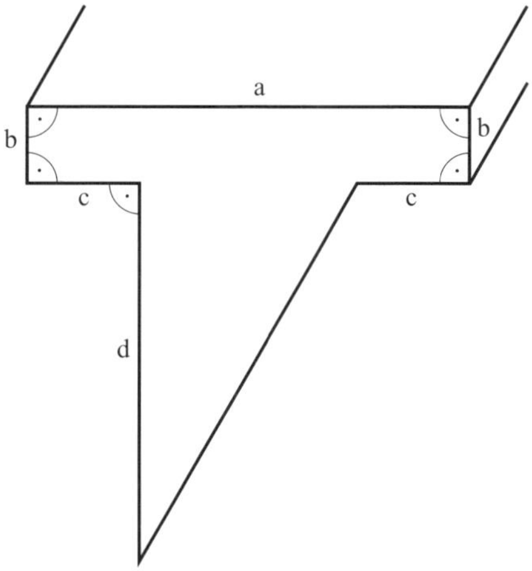

K18 Laura bewohnt ein Mansardenzimmer. Die Giebelfläche hat die Gestalt eines gleichschenkeligen Trapezes, dessen beide Parallelseiten 4,2 m und 0,75 m haben, $h = 2{,}4$ m. Laura verkleidet diese Wand mit gleich großen rautenförmigen Servietten ($e = 16{,}2$ cm; $f = 9{,}8$ cm). Wie viele solcher Servietten benötigt Laura mindestens für das Verkleiden? Schreibe dir zuerst einen Plan für die auszuführenden Rechenaufgaben an und führe sie erst dann aus.

K19 a) Herta hat einen Würfel aus Blumensteckmasse mit einer Dichte von 0,23 g/cm³. Die Seitenlänge des Würfels ist 9,2 cm. Herta schneidet den Würfel entlang der beiden Flächendiagonalen durch. Fertige eine saubere Skizze an, beschreibe genau, welche Gestalt ein solcher Teil hat und berechne dessen Volumen und Masse.

b) Bertholds Schokoladestück hat die Gestalt eines dreiseitigen Prismas. Es hat eine Masse von 100 g. Die Dichte von Schokolade beträgt 2,72 g/cm³. Berechne den Rauminhalt des Schokoladestückes. Welche Länge hat es, wenn die Fläche des Dreieckes 9,09 cm² einnimmt?

K20 Herr Walter mauert einen Betonpfeiler. Dieser besteht aus einem Quader ($a = 17$ cm, $b = 14$ cm, $h_1 = 2$ m) und einer $h = 54$ cm hohen Pyramide, welche genau über der Deckfläche des Quaders errichtet wird.

a) Wie viele m³ Beton sind für die Herstellung des Betonpfeilers nötig?

b) 1 dm³ Beton hat eine Masse von ca. 2 kg. Welche Masse hat der Betonpfeiler?

K21 Zeichne eine saubere Schrägrissskizze vom Betonpfeiler aus Aufgabe K20.

K22 Der Almkanal (in der Stadt Salzburg) wurde auf einer Länge von 1,5 km neu gemauert. Sein Querschnitt hat die Gestalt eines gleichschenkeligen Trapezes ($a = 160$ cm, $c = 100$ cm, $b = 58$ cm)

a) Fertige eine saubere Schrägrissskizze des Kanals an!

b) Berechne, wie viele m² gemauert worden sind.

K23 a) Peter lehnt eine 10 m lange Leiter an die Wand. Am Boden ist diese 3,2 m von der Wand entfernt. Fertige eine saubere Skizze an und berechne, wie weit die Leiter nach oben reicht.

b) Schreibe für die eingezeichneten rechtwinkeligen Dreiecke den pythagoräischen Lehrsatz an und berechne jeweils x

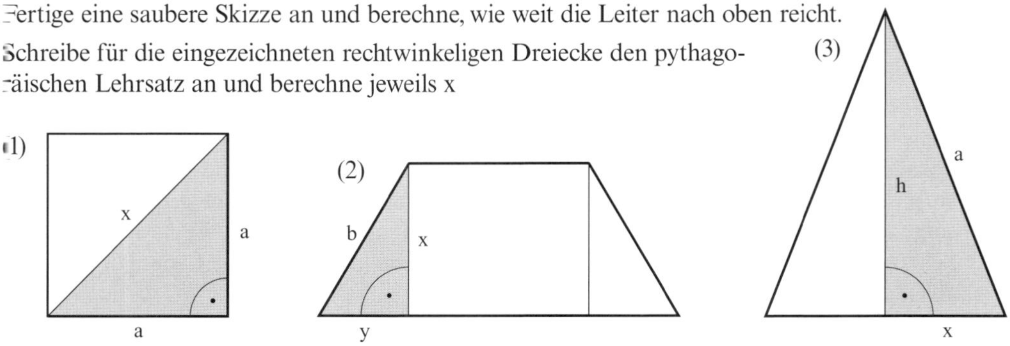

K24 a)

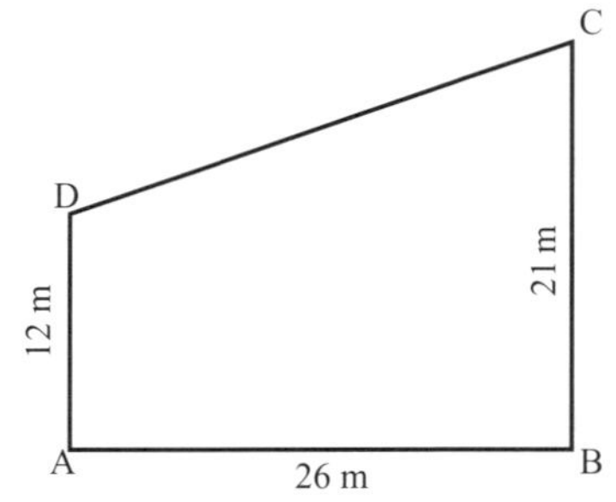

Du siehst den Plan eines Grundstückes. Berechne dessen Umfang und die Länge der Strecke BD.
Anleitung: Zerlege das Viereck in geeignete rechtwinkelige Dreiecke.

b) Der Flächeninhalt eines gleichschenkeligen Dreieckes A und die Länge der Basis c sind bekannt: $A = 333\ cm^2$, $c = 37$ cm.
Berechne die Länge der Höhe h auf die Seite c, die Länge der Schenkel a, den Umfang u des Dreieckes und die Länge der Höhe h_a auf die Seite a auf 2 Dezimalstellen.

K25 a) Bestimme das Verhältnis der beiden Größen 520 kg, 0,13 t und stelle es mit möglichst kleinen natürlichen Zahlen dar.

b) Frau Huber schenkt anlässlich eines Besuches den drei Enkelkindern Anna (12 Jahre), Georg (10 Jahre) und Birgit (6 Jahre) 336 €. Sie will, dass dieser Betrag dem Verhältnis des Alters der Kinder entsprechend aufgeteilt wird. Wie viele Euro erhält jedes Enkelkind?

K26 Konstruiere ein gleichseitiges Dreieck ABC mit der Seitenlänge $a = 4$ cm. Zeichne die Halbierungspunkte der drei Seiten ein und beschrifte sie im Uhrzeigersinn mit H_1, H_2 und H_3. Verbinde die drei Halbierungspunkte. Schreibe an, welche Dreiecke dem Ausgangsdreieck ABC ähnlich sind und begründe deine Antwort ausführlich.

K27 a) Die Dreiecke ABC und $A'B'C'$ sind ähnlich zueinander. $a = 4$ cm, $a' = 1$ cm, $b' = 1{,}5$ cm, $c' = 2$ cm. Berechne die Längen der Seiten b und c, die Umfänge u und u'. Überprüfe die Richtigkeit der Proportion: $a : a' = u : u'$

b) Berechne r! $5 : r = 35 : 42$

c) Setze „=“ oder „≠“ ein: $\frac{8}{9} : \frac{4}{3} \ldots\ldots 1 : \frac{3}{2}$

K28 a) Ordne jeder natürlichen Zahl n von 5 bis 10 den 3-fachen Wert vermindert um 14 zu. Begründe ausführlich, warum diese Zuordnung h eine Funktion ist. Schreibe die Funktionsgleichung an, erstelle eine geeignete Wertetabelle und zeichne den Graphen (1 LE = 0,35 cm). Warum dürfen die Punkte des Graphen nicht verbunden werden?

b) Ändere nun die Ausgangsmenge in a) so ab, dass du alle rationalen Zahlen des Bereichs von 5 bis 10 zulässt und jeder dieser Zahlen den 3-fachen Wert vermindert um 14 zuordnest.
Zeichne den Graphen dieser Funktion f in ein eigenes Koordinatensystem mit 1 LE = 0,35 cm ein. Wodurch unterscheidet sich der Graph von f vom Graphen der Funktion h? Lies aus der Zeichnung ab, welcher Wert 6 beim Graphen f zugeordnet ist bzw. für welchen x-Wert der zugeordnete Wert 14 ist?

K29 Der Umfang eines gleichschenkeligen Dreiecks beträgt 20 cm. Betrachte die Zuordnung Länge der Basis c [in cm] → Länge eines Schenkels a [in cm]. Gib die Funktionsgleichung an und beschreibe den Funktionstyp. Erstelle eine Wertetabelle für die Basislängen $c = 1$ cm, $c = 2$cm, ..., $c = 19$ cm. Arbeite mit dem Tabellenkalkulationsprogramm Excel, gib die Tabelle ein und verwende dazu die Formel für das Auffinden von a. Erzeuge ein Punkt (XY) - Liniendiagramm. Formatiere die Achsen so, dass jedes Wertepaar aus der Wertetabelle gezeichnet wird. Finde eine geeignete Überschrift und sorge dafür, dass auch die Funktionsgleichung im Diagramm angezeigt wird.
Schätze mit Hilfe des Graphen die Schenkellänge a, wenn die Basis die Länge 12,5 cm hat. Drucke das Diagramm aus.

Lösungen der Aufgaben zu den Kernzielen

K1 a) $(-7)^\circ$; $(+18)$ €; (-33) m

b)

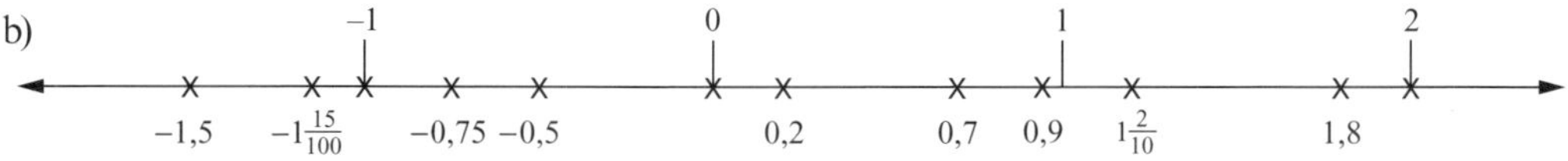

$-1{,}5 < -1\frac{15}{100} < -1 < -0{,}75 < -0{,}5 < 0 < 0{,}2 < 0{,}7 < 0{,}9 < 1\frac{2}{10} < 1{,}8 < 2$

c)

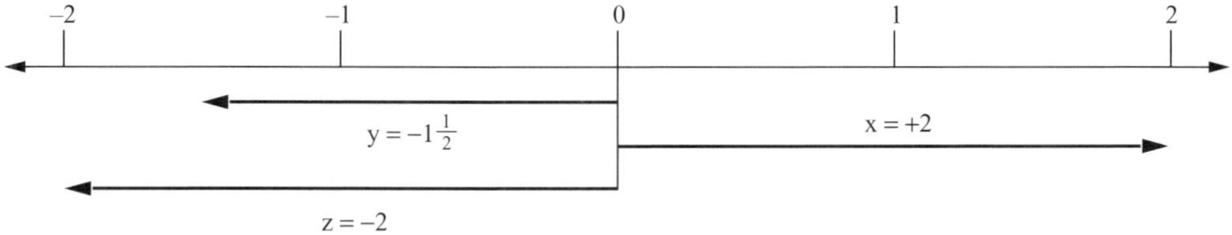

K2 a) $(-5\,€) + (+3\,€) + (-2{,}50\,€) + (-3{,}75\,€) + (+3\,€) = -5{,}25\,€$

Andrea schuldet der Großmutter noch 5,25 Euro.

b) $(-5) - (-2) + (+7) - (+3) = -5 + 2 + 7 - 3 = +1$ c) $-11 + 7 - 3 + 7 = 0$

K3 a) $(-28) - (+11) = -28 - 11 = -39$ b) $[(-5) - 1] + (-5) = -6 - 5 = -11$

c) $(+4{,}3) \cdot (-7{,}2) - [(-6{,}5) : (-5) + 1] = (-30{,}96) - [(+1{,}3) + 1] = (-30{,}96) - (+2{,}3) = -33{,}26$

K4 a) Eingabe im TR: [5] [.] [5] [×] [(] [4] [+] [3] [:] [4] [+] [(] [2] [+] [1] [:] [2] [)] [:] [(] [1] [:] [8] [)] [)] [+] [1] [=] **137,125**

Bemerkung: Es gibt Taschenrechner, bei denen die Eingabe von Bruchzahlen auch direkt erfolgen kann.

Kontrolle: $5\frac{1}{2} \cdot \left(4\frac{3}{4} + \frac{5}{2} \cdot \frac{8}{1}\right) + 1 = 5\frac{1}{2} \cdot \left(4\frac{3}{4} + \frac{5 \cdot 8}{2 \cdot 1}\right) + 1 = 5\frac{1}{2} \cdot \left(4\frac{3}{4} + \frac{5 \cdot 4}{1}\right) + 1 =$

$= 5\frac{1}{2} \cdot \left(4\frac{3}{4} + 20\right) + 1 = 5\frac{1}{2} \cdot \left(24\frac{3}{4}\right) + 1 = \frac{11}{2} \cdot \frac{99}{4} + 1 = \frac{11 \cdot 99}{2 \cdot 4} + 1 =$

$= \frac{1089}{8} + 1 = 136\frac{1}{8} + 1 = 137\frac{1}{8} = \mathbf{137{,}125}$

Die beiden Ergebnisse stimmen überein.

b) Susanne: $558{,}80\,€ = 120\%$

$1\% = (558{,}80 : 120)\,€ \approx 4{,}6567\,€$ (Wegen der anschließenden Multiplikation mit 100 wird der Geldbetrag hier auf 4 Dezimalstellen berechnet.)

$100\% \approx 465{,}67\,€$

Der Nettopreis für Susannes Rad beträgt 465,67 €, er ist damit um 5,67 € höher.

Anderer Weg: Herwig

$100\% = 460\,€$

$120\% = 460 \cdot 1{,}2\,€ = 552\,€$

Inklusive 20% Mehrwertsteuer kostet das Rad von Herwig 552 €. Das ist um 6,80 € niedriger als der Preis für das Fahrrad von Susanne. Ich hätte mich für das Angebot von Herwig entschieden, weil es billiger ist.

K5 a) $\left[(-2\tfrac{1}{4})\cdot 1\tfrac{1}{3}-\tfrac{3}{4}\right]:(-1\tfrac{1}{2})=$

Eingabe in den TR:

(	(	−	(	2	+	1	:	4	)	)	×	(
1	+	1	:	3	)	−	3	:	4	)	:	(
−	(	1	+	1	:	2	)	)	=	**2,5**		

Bemerkung: Es gibt Taschenrechner, bei denen die Eingabe von Bruchzahlen auch direkt erfolgen kann.

ohne TR: $\left(-\frac{9}{4}\cdot\frac{4}{3}-\frac{3}{4}\right):\left(-\frac{3}{2}\right)=\left(-\frac{9\cdot 4}{4\cdot 3}-\frac{3}{4}\right):\left(-\frac{3}{2}\right)=\left(-\frac{3\cdot 1}{1\cdot 1}-\frac{3}{4}\right):\left(-\frac{3}{2}\right)=$

$=\left(-3-\frac{3}{4}\right):\left(-\frac{3}{2}\right)=\left(-3\frac{3}{4}\right):\left(-\frac{3}{2}\right)=+\frac{15}{4}\cdot\frac{2}{3}=\frac{5\cdot 1}{2\cdot 1}=\frac{5}{2}=2\frac{1}{2}=\mathbf{2{,}5}$

Die beiden Ergebnisse stimmen überein.

b) $(-123{,}78):35{,}96-14\tfrac{2}{7}\cdot(-8\tfrac{3}{4})=121{,}557\,842\approx 121{,}56$

Eingabe in den TR:

−	1	2	3	.	7	8	:	3	5	.	9	6
−	(	1	4	+	2	:	7	)	×	(	−	(
8	+	3	:	4	)	)	=	121,557 842 ≈ **121,56**				

Überschlagsrechnung: $(-120):40-14\cdot(-9)=-3+126=123$

K6 a) Die Quadratkette hat stets, unabhängig von der Länge der Kette, den Flächeninhalt a^2.

b) $M=4\cdot a^2$

$O=121{,}5\ \text{cm}^2$

$O=6\cdot a^2$

$6\cdot a^2=121{,}5 \quad |:6$

$a^2=20{,}25 \quad |\sqrt{\ }$

$a=4{,}5$

$\mathbf{a=4{,}5\ cm}$

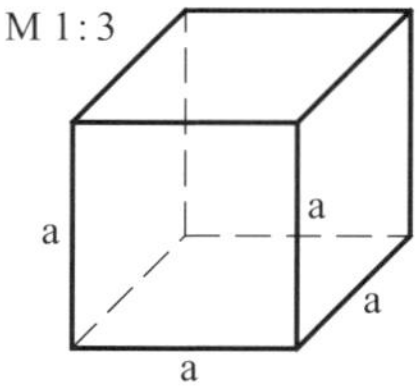

K7 a) $O=6\cdot a^2$ $\qquad O=6\cdot 5{,}5^2=181{,}5$ $\qquad \mathbf{O=181{,}5\ cm^2}$

Karin benötigt mindestens 181,5 cm^2 Papier.

$V=a^3$ $\qquad V=5{,}5^3=166{,}375$ $\qquad \mathbf{V=166{,}375\ cm^3}$

$l=12\cdot a$ $\qquad l=12\cdot 5{,}5=66$ $\qquad \mathbf{l=66\ cm}$

b)

144	2
72	2
36	2
18	2
9	3
3	3
1	

$144=2^4\cdot 3^2$

c)

	$3\cdot a$	$5\cdot a^2$	$5\cdot a^2+3\cdot a$	$2\cdot a^3$	$2\cdot a^3+5\cdot a^2+3a$
a = 2	6	20	26	16	42
a = −4	−12	80	68	−128	−60

K8 a)

Wassermengen auf der Erde	
Grundwasser	$8{,}407 \cdot 10^6$ km³
Oberflächenwasser	$2{,}3 \cdot 10^5$ km³
Polar- und Gletschereis	$2{,}919 \cdot 10^7$ km³
Arktischer Ozean	$1{,}37 \cdot 10^7$ km³
Indischer Ozean	$2{,}8461 \cdot 10^8$ km³
Atlantischer Ozean	$3{,}3721 \cdot 10^8$ km³
Pazifischer Ozean	$7{,}1441 \cdot 10^8$ km³
Wetter der Atmosphäre	$1{,}3 \cdot 10^4$ km³

b)

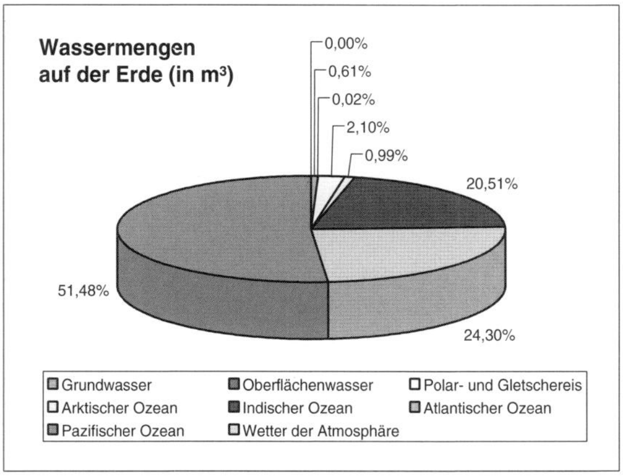

c) Gesamtmenge in m³: 1 387 770 000 m³ ≙ 100 %
$1\,\% = 13\,877\,700$ m³

Grundwasser	8 407 000 : 13 877 700 = 0,605 792 026 1 ≈ 0,61 %
Oberflächenwasser	230 000 : 13 877 700 = 0,016 573 351 5 ≈ 0,02 %
Polar- und Gletschereis	29 190 000 : 13 877 700 = 2,103 374 478 ≈ 2,10 %
Arktischer Ozean	13 700 000 : 13 877 700 = 0,987 195 284 5 ≈ 0,99 %
Indischer Ozean	284 610 000 : 13 877 700 = 20,508 441 6 ≈ 20,51 %
Atlantischer Ozean	337 210 000 : 13 887 700 = 24,298 695 03 ≈ 24,30 %
Pazifischer Ozean	714 410 000 : 13 877 700 = 51,478 991 48 ≈ 51,48 %
Wetter der Atmosphäre	13 000 : 138 777 00 = 0,000 936 754 649 5 ≈ 0,00 %

K9 a) 905,77 € – 500 € – 57,13 € – 72,17 € + 1 136 € – 103,60 € – 51,61 € + 26 € = 1 283,26 €
Der neue Kontostand lautet: 1 283,26 €.

b) (–500 €) + (–57,13 €) + (–72,17 €) + (–103,60 €) + (–51,61 €) = –784,51 €
Insgesamt wurden 784,51 € abgebucht.

c) (+1 136 €) + (+26 €) = +1 162 €
Es wurden 1 162 € gutgeschrieben.

d) (+1283,26 €) – (+905,77 €) = 377,49 €
Auf dem Konto liegen nun 377,49 € mehr.

K10 a) $(3{,}2x + 5{,}6x + 1{,}7x) - (4{,}7y + 3{,}6y) = 10{,}5x - 8{,}3y$

b) $3{,}2x \cdot (-4{,}7y) = -15{,}04x \cdot y$

c) $u = a + (a - c) \cdot 2 + c = a + 2 \cdot a - 2 \cdot c + c = 3 \cdot a - c$

d) $(3 \cdot a + \frac{1}{2} \cdot a) \cdot 7 = 3\frac{1}{2} \cdot a \cdot 7 = \frac{7}{2} \cdot a \cdot 7 = \frac{49}{2} \cdot a = 24\frac{1}{2} \cdot a$

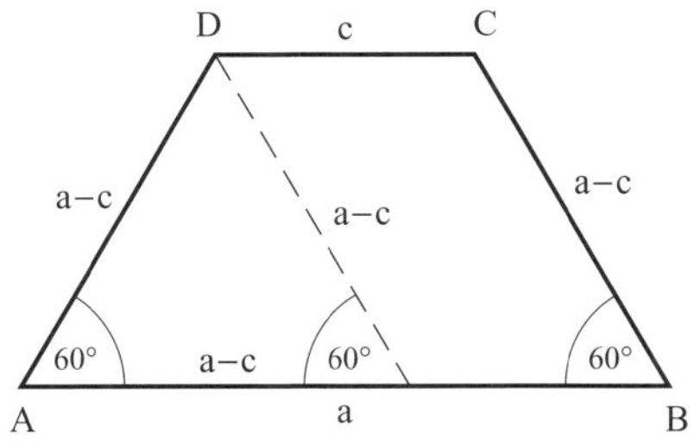

K11 a) $3{,}1r - 4{,}7s + 5 - 5{,}6s + 3{,}7r + 11 = 6{,}8r - 10{,}3s + 16$

Probe: $r = -1, \quad s = 2$

Angabe: $[3{,}1 \cdot (-1) - 4{,}7 \cdot 2 + 5] -$
$-[5{,}6 \cdot 2 - 3{,}7 \cdot (-1) - 11] = -11{,}4$

Lösung: $6{,}8 \cdot (-1) - 10{,}3 \cdot 2 + 16 = -11{,}4$

Angabe = Lösung, daher stimmt die Rechnung

b) $(3{,}1r - 4{,}7s) \cdot (-3) = -9{,}3r + 14{,}1s$

c) $l = 4a + 4a + 4 \cdot 2a + 4a = 20a$
$O = a^2 + 4 \cdot a^2 + 4 \cdot 2a^2 + a^2 = 14a^2$

d) $-14{,}4a - 7{,}2b + 3{,}6c = 3{,}6 \cdot (-4a - 2b + c)$

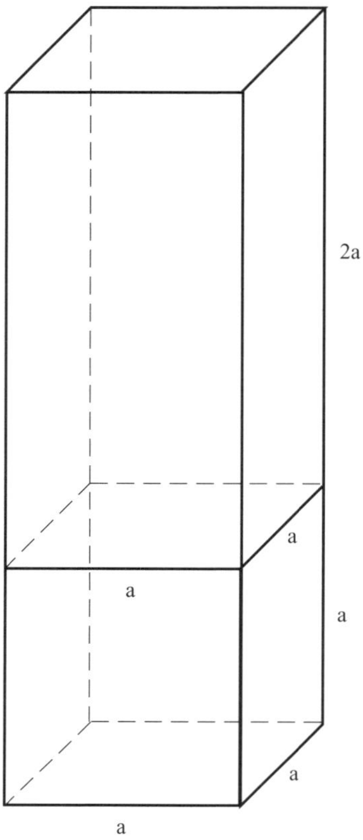

K12 a) $4 \cdot \left(\frac{2x}{3} - 6\right) - 3 = 7 \cdot \left(\frac{3x}{5} + 4\right) - 61$

$\frac{4 \cdot 2x}{3} - 24 - 3 = \frac{7 \cdot 3x}{5} + 28 - 61$

$\frac{8x}{3} - 27 = \frac{21x}{5} - 33 \qquad | + 27$

$\frac{8x}{3} = \frac{21x}{5} - 6 \qquad | \cdot 15$

$\frac{8x \cdot 15}{3} = \frac{21x \cdot 15}{5} - 6 \cdot 15$

$8x \cdot 5 = 21x \cdot 3 - 90$

$40x = 63x - 90 \qquad | + 90, \ -40x$

$90 = 23x \qquad | : 23$

$\frac{90}{23} = x$

$3\frac{21}{23} = x$

Da als Grundmenge alle positiven rationalen Zahlen zur Verfügung stehen und $3\frac{21}{23}$ eine positive Bruchzahl ist, gehört diese Zahl zur Lösungsmenge. $L = \{3\frac{21}{23}\}$

Probe:

Linke Seite der Gleichung: $4 \cdot \left(\frac{2}{3} \cdot 3\frac{21}{23} - 6\right) - 3 = 4 \cdot \left(\frac{2}{3} \cdot \frac{90}{23} - 6\right) - 3 = 4 \cdot \left(\frac{60}{23} - 6\right) - 3 =$
$= 4 \cdot \left(\frac{60}{23} - \frac{138}{23}\right) - 3 = 4 \cdot \left(-\frac{78}{23}\right) - 3 = -\frac{312}{23} - 3 = -13\frac{13}{23} - 3 = -16\frac{13}{23}$

Rechte Seite der Gleichung: $7 \cdot \left(\frac{3}{5} \cdot 3\frac{21}{23} + 4\right) - 61 = 7 \cdot \left(\frac{3}{5} \cdot \frac{90}{23} + 4\right) - 61 = 7 \cdot \left(\frac{54}{23} + 4\right) - 61 =$
$= 7 \cdot \left(2\frac{8}{23} + 4\right) - 61 = 7 \cdot 6\frac{8}{23} - 61 = 7 \cdot \frac{146}{23} - 61 = \frac{1022}{23} - 61 = 44\frac{10}{23} - 61 = -16\frac{13}{23}$

Das Ergebnis der beiden Seiten stimmt überein.
Du kannst die Probe auch mit dem TR ausrechnen:

Linke Seite: [4] [×] [(] [2] [×] [(] [3] [+] [2] [1] [:] [2] [3] [)] [:] [3] [−] [6] [)] [−] [3] [=] − 16,565 217 39 [STO] [A]

Rechte Seite: [7] [×] [(] [3] [×] [(] [3] [+] [2] [1] [:] [2] [3] [)] [:] [5] [+] [4] [)] [−] [6] [1] [=] − 16,565 217 39

Beide Seiten ergeben die gleiche Zahl.

b) Da die Lösung eine positive rationale Zahl ist, Susanne aber nur mit negativen Bruchzahlen arbeiten darf, ist die Lösungsmenge leer. $L = \{\ \}$

K13 a)

$A = a \cdot h_a \quad |:h_a$

$A : h_a = a$

$A = b \cdot h_b \quad |:h_b$

$A : h_b = b$

$A = a \cdot h_a \quad |:a$

$A : a = h_a$

$A = b \cdot h_b \quad |:b$

$A : b = h_b$

b)

$O = 2 \cdot (a \cdot b + b \cdot c + a \cdot c) \quad |:2$

$\frac{O}{2} = a \cdot b + b \cdot c + a \cdot c \quad |-b \cdot c$

$\frac{O}{2} - b \cdot c = a \cdot b + a \cdot c$

$\frac{O}{2} - b \cdot c = a \cdot (b + c) \quad |:(b + c)$

$\left(\frac{O}{2} - b \cdot c\right) : (b + c) = a$

$O = 2 \cdot (a \cdot b + b \cdot c + a \cdot c) \quad |:2$

$\frac{O}{2} = a \cdot b + b \cdot c + a \cdot c \quad |-a \cdot c$

$\frac{O}{2} - a \cdot c = b \cdot (a + c) \quad |:(a + c)$

$\left(\frac{O}{2} - a \cdot c\right) : (a + c) = b$

$O = 2 \cdot (a \cdot b + b \cdot c + a \cdot c) \quad |:2$

$\frac{O}{2} = a \cdot b + b \cdot c + a \cdot c \quad |-a \cdot b$

$\frac{O}{2} - a \cdot b = b \cdot c + a \cdot c$

$\frac{O}{2} - a \cdot b = c \cdot (b + a) \quad |:(b + a)$

$\left(\frac{O}{2} - a \cdot b\right) : (b + a) = c$

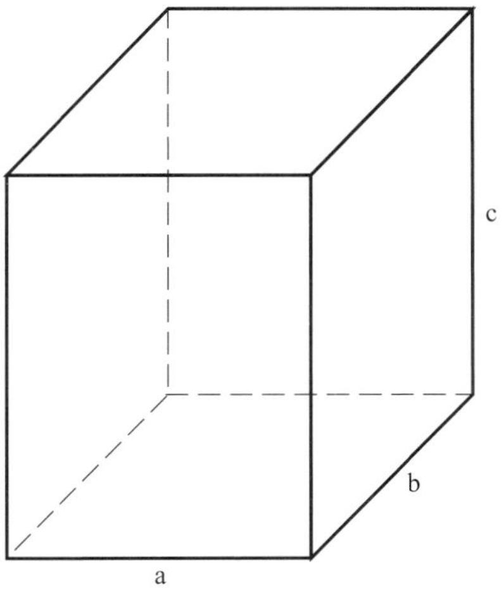

K14 $u = c + 2 \cdot a$

$43 = c + 2 \cdot (c + 8)$

$43 = c + 2c + 16 \quad |-16$

$27 = 3c \quad |:3$

$9 = c$

Die Basis c = 9 cm, ein Schenkel a = 17 cm

Kontrolle: 9 cm + 2 · 17 cm = 43 cm

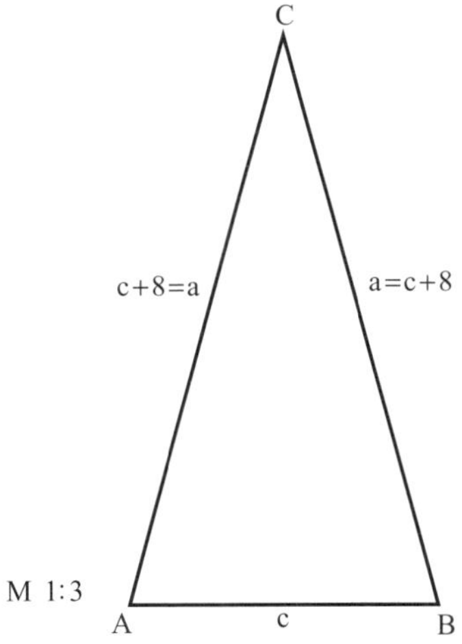

K15 a) Es liegt ein Trapez vor.

$u = x + y + 2x + z = 3x + y + z$

$A = \frac{x + 2x}{2} \cdot y = \frac{3x}{2} \cdot y$

b)

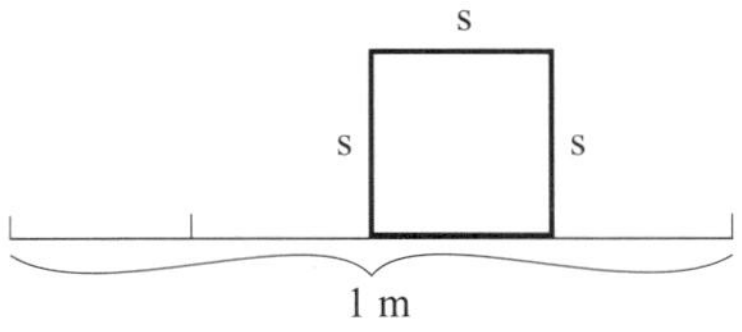

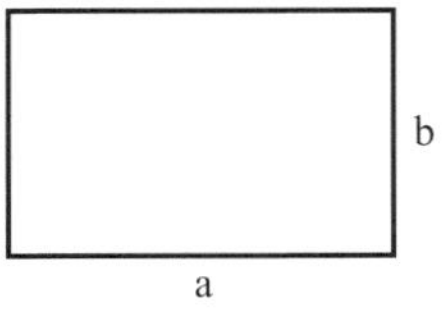

Der Umfang u eines Quadrats wird mit der Formel $u_{Qu} = 4 \cdot s$ berechnet. Da $u_{Qu} = 1$ m ist, muss die Quadratseite $\frac{u_{Qu}}{4}$, also 0,25 m lang sein. Der Flächeninhalt des Quadrates wird mit der Formel $A_{Qu} = s^2$ berechnet. s = 0,25 m, daher ist $A = 0{,}25^2\ m^2 = 0{,}0625\ m^2$.

Ein Rechteck sollte den gleich großen Flächeninhalt, also $0{,}0625\ m^2 = 625\ cm^2$ haben.

Für den Flächeninhalt des Rechteckes gilt: $A_R = a \cdot b$

Da der Flächeninhalt und die Länge der Seite a gegeben sind, kann man b so berechnen: $b = \frac{A}{a}$

$b = \frac{625}{31{,}25} = 20 \qquad b = 20\ cm$

$u_R = 2 \cdot (a + b)$

$u_R = 2 \cdot (31{,}25 + 20) = 102{,}5\ cm = 1{,}025\ m$

$\mathbf{u_R - u_{Qu} = 25\ mm}$

K16 A′(−5|5), B′(0|7),
C′(3|4), D′(6| − 1),
E′(−1| − 4), S(5,4|0)

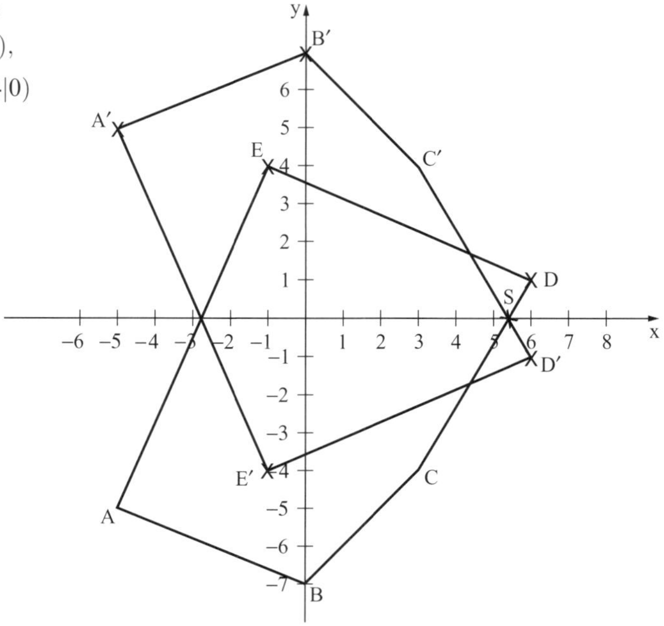

K17 a) M 1 : 10

Plan	Wirklichkeit
1 cm	10 cm = 1 dm
11,8 cm	11,8 dm
2 cm	2 dm
3 cm	3 dm
10 cm	10 dm

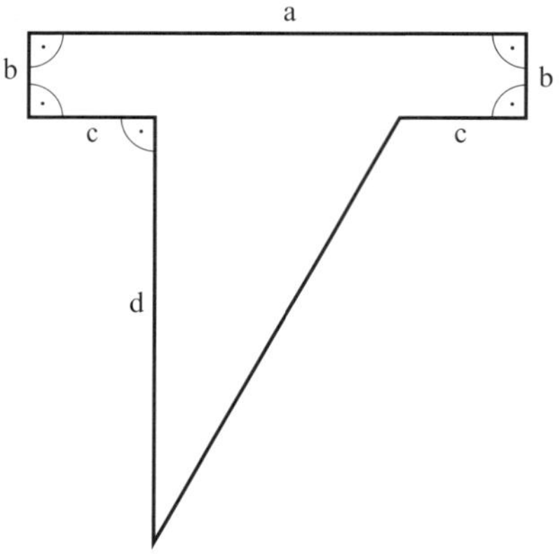

b) Die Querschnittsfläche setzt sich aus einem Rechteck und einem rechtwinkeligen Dreieck zusammen.
$A = a \cdot b + \frac{a - 2 \cdot c}{2} \cdot d$

c) $A = 11{,}8 \cdot 2 + \frac{11{,}8 - 2 \cdot 3}{2} \cdot 10 = 52{,}6$
$\mathbf{A = 52{,}6\ dm^2}$

d) $A = 4 \cdot x \cdot \frac{3}{4} \cdot x + \frac{4 \cdot x - 2 \cdot 1{,}5 \cdot x}{2} \cdot 2{,}4 \cdot x =$
$= 3 \cdot x^2 + (4 \cdot x - 3 \cdot x) \cdot 1{,}2 \cdot x =$
$= 3 \cdot x^2 + 1 \cdot x \cdot 1{,}2 \cdot x =$
$= 3 \cdot x^2 + 1{,}2 \cdot x^2 = \mathbf{4{,}2x^2}$

K18 $A_{Raute}\ \frac{e \cdot f}{2}$ $A_{Raute}\ \frac{16{,}2 \cdot 9{,}8}{2} = 79{,}38\ cm^2$
$A_{Trapez} \frac{a + c}{2} \cdot h$ $A_{Trapez} \frac{420 + 75}{2} \cdot 240 = 59\,400\ cm^2$

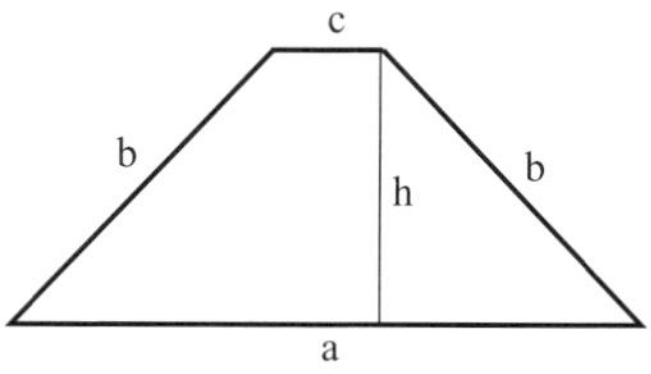

Wie viele Rauten haben in dieser Trapezfläche Platz?
$59\,400\ cm^2 : 79{,}38\ cm^2 \approx 748{,}3$-mal
Laura braucht mindestens 749 Servietten.

K19 a) Es entstehen 4 dreiseitige Prismen mit einem rechtwinkeligen Dreieck als Grundfläche, weil in einem Quadrat die Diagonalen einander rechtwinkelig schneiden.

$V_{Prisma} = \frac{1}{4} \cdot a^3$

$V_{Prisma} = \frac{1}{4} \cdot 9{,}2^3 = 194{,}672$ $\quad$ $\mathbf{V = 194{,}672\ cm^3}$

$m = V \cdot \rho$

$m = 194{,}672 \cdot 0{,}23 \quad = 44{,}774\,56$ $\quad$ $\mathbf{m \approx 44{,}8\ g}$

b) $m = V \cdot \rho$ $\qquad$ $100 = V \cdot 2{,}72 \quad | : 2{,}72$

$36{,}764\,705\,88 = V$

$\mathbf{V \approx 36{,}765\ cm^3}$

$V = A_G \cdot h$ $\qquad$ $V = 9{,}09 \cdot h \quad | : 9{,}09$

$4{,}04 = h$

Das Schokoladestück hat **ca. 4,04 cm** Länge.

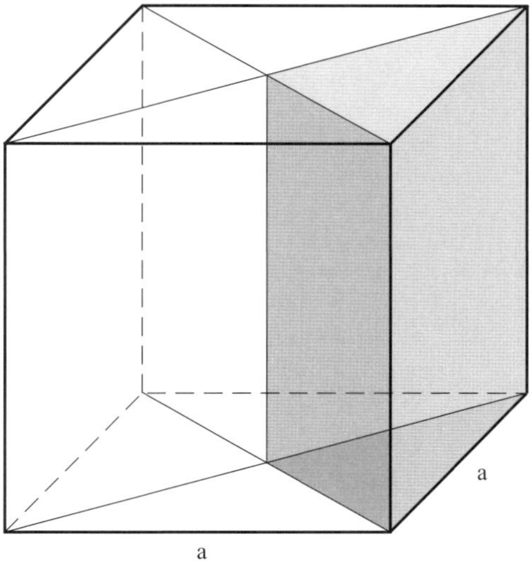

K20 a) $V_{gesamt} = V_{Quader} + V_{Pyramide}$

$V_{Quader} = a \cdot b \cdot h_1 = 17 \cdot 14 \cdot 200\ cm^3 = 47\,600\ cm^3$

$V_{Pyramide} = \frac{a \cdot b \cdot h}{3} = \frac{17 \cdot 14 \cdot 54}{3} = 17 \cdot 14 \cdot 18 = 4\,284\ cm^3$

$V_{gesamt} = 47\,600\ cm^3 + 4\,284\ cm^3 = 51\,884\ cm^3 = 0{,}051\,884\ m^3$

Es sind ca. **0,052 m³** Beton notwendig.

b) $\rho = 2\ kg/dm^3,\ m = V \cdot \rho = 51{,}884 \cdot 2 = 103{,}768\ kg$

Der Betonpfeiler hat eine Masse von ca. **103,8 kg**.

K21 Siehe nebenstehende Abbildung.

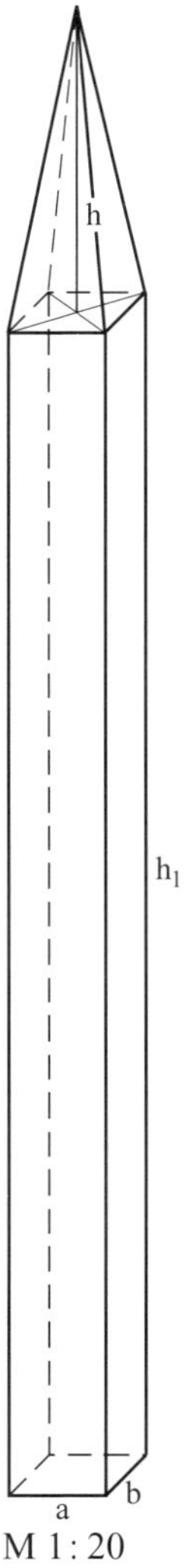

K22 a)

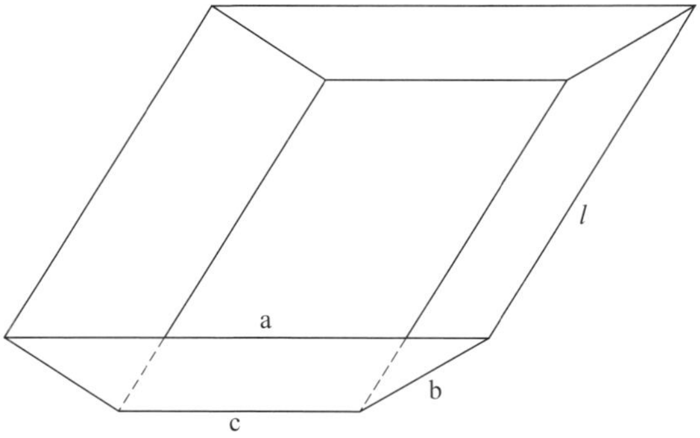

b) Gemauert wird der Boden: Rechteck mit den Maßen c = 1 m und l = 1 500 m

$A_{Boden} = 1\,500\ m^2$

Die 2 Seitenflächen sind Rechtecke mit den Maßen b= 0,58 m und l = 1 500 m

$A_{Seitenfläche} = 0{,}58 \cdot 1\,500\ m^2 = 870\ m^2$

$A_{gesamt} = 1\,500\ m^2 + 2 \cdot 870\ m^2 = 3\,240\ m^2$

Es mussten **3 240 m²** gemauert werden.

K23 a)

$$10^2 = 3{,}2^2 + x^2 \quad | - 3{,}2^2$$
$$100 - 10{,}24 = x^2$$
$$89{,}76 = x^2 \quad | \sqrt{}$$
$$\sqrt{89{,}76} = x$$
$$9{,}47 = x$$

Die Leiter reicht **ca. 9,47 m** hoch.

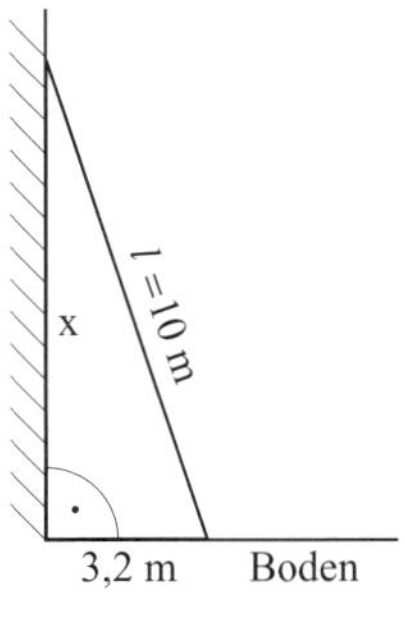

b) (1) $x^2 = a^2 + a^2$

$x^2 = 2 \cdot a^2 \quad |\sqrt{}$

$\mathbf{x} = \sqrt{2 \cdot a^2} = \sqrt{2} \cdot \sqrt{a^2} = \sqrt{2} \cdot a = \mathbf{a} \cdot \sqrt{\mathbf{2}}$

(2) $b^2 = y^2 + x^2 \quad | - y^2$

$b^2 - y^2 = x^2 \quad |\sqrt{}$

$\sqrt{b^2 - y^2} = \mathbf{x}$

(3) $a^2 = x^2 + h^2 \quad | - h^2$

$a^2 - h^2 = x^2 \quad |\sqrt{}$

$\sqrt{a^2 - h^2} = \mathbf{x}$

K24 a) Zerlege das Grundstück in ein Rechteck und in ein rechtwinkeliges Dreieck.
Um die Seitenlänge der Strecke CD berechnen zu können, verwendest du im rechtwinkeligen Dreieck den pythagoräischen Lehrsatz:

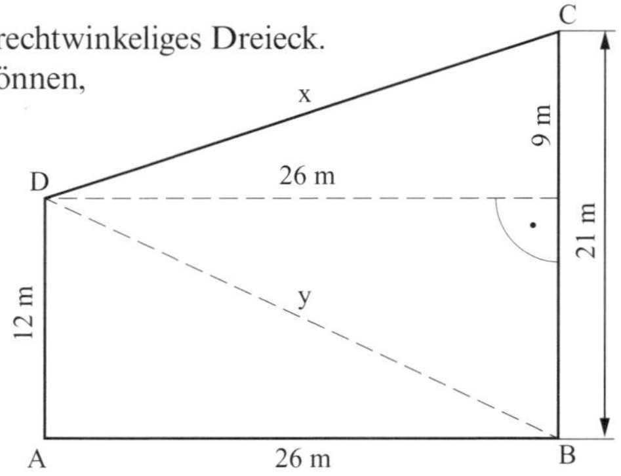

$x^2 = 26^2 + 9^2$

$x^2 = 676 + 81 \quad |\sqrt{}$

$x = 27{,}513\,632\,98$

$\overline{CD} = \mathbf{27{,}51\ m}$

$\mathbf{u} = 26\ m + 21\ m + 27{,}51\ m + 12\ m = \mathbf{86{,}51\ m}$

Um die Länge der Strecke BD berechnen zu können, verwendest du das rechtwinkelige Dreieck ABD. Es gilt:

$y^2 = 26^2 + 12^2$

$y^2 = 676 + 144$

$y^2 = 820 \quad |\sqrt{}$

$y = 28{,}635\,642\,13$

$\overline{BD} = \mathbf{28{,}64\ m}$

b) $A = 333\ cm^2,\ c = 37\ cm$

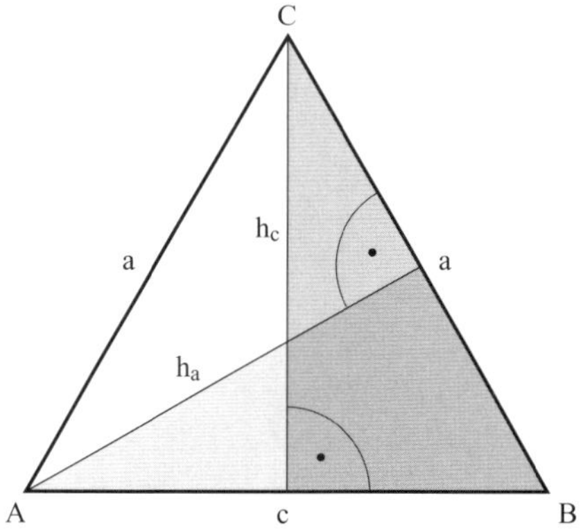

$A = \frac{1}{2} \cdot c \cdot h_c$

$333 = \frac{1}{2} \cdot 37 \cdot h_c$

$333 = 18{,}5 \cdot h_c \quad | : 18{,}5$

$18 = h_c$

$\mathbf{h_c = 18\ cm}$

Um die Länge des Schenkels a berechnen zu können, arbeitest du mit dem pythagoräischen Lehrsatz:

$a^2 = \left(\frac{c}{2}\right)^2 + h_c^2$

$a^2 = 18{,}5^2 + 18^2$

$a^2 = 342{,}25 + 324$

$a^2 = 666{,}25 \quad |\sqrt{}$

$a = 25{,}81$

$\mathbf{a \approx 25{,}81\ cm}$

$u = c + 2 \cdot a$

$u = 37 + 2 \cdot 25{,}812$

$u = 88{,}62$

$\mathbf{u \approx 88{,}62\ cm}$

$A = \frac{1}{2} \cdot a \cdot h_a$

$333 = \frac{1}{2} \cdot 25{,}812 \cdot h_a$

$333 = 12{,}906 \cdot h_a \quad | : 12{,}906$

$\mathbf{h_a \approx 25{,}8\ cm}$

K25 a) 520 kg : 130 kg = 52 kg : 13 kg = **4 : 1**

b) Anna erhält 12 Teile, Georg 10 Teile und Birgit 6 Teile.
Der Betrag von 336 € muss also auf (12 + 10 + 6) = 28 Teile aufgeteilt werden.
336 € : 28 = 12 € Ein Teil ist 12 € wert
Anna erhält deshalb 12 · 12 € = 144 €
Georg erhält 10 · 12 € = 120 €
Birgit erhält 6 · 12 € = 72 €
Du kannst eine Probe machen: 144 € + 120 € + 72 € = 336 €

K26 Durch die drei Halbierungspunkte entstehen vier gleichseitige Dreiecke, deren Seitenlänge die Hälfte der ursprünglichen Seitenlänge beträgt. Gleichseitige Dreiecke stimmen in der Gestalt und in den drei Winkeln immer überein und sind daher zueinander ähnlich. Die Dreiecke AH_1H_2, $H_1H_3H_2$, H_1BH_3, H_2H_3C sind zum Dreieck ABC ähnlich.

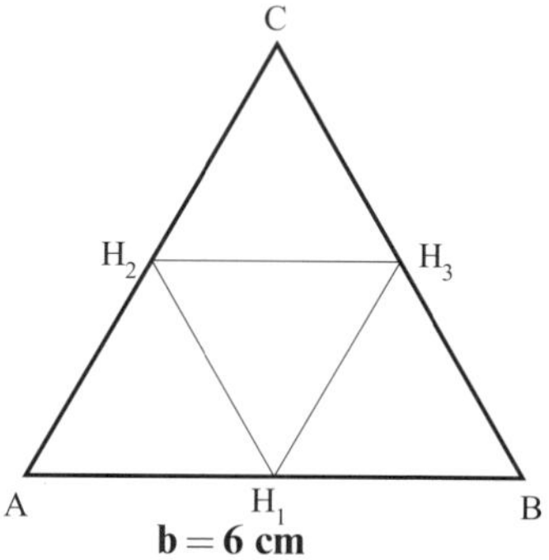

K27 a) $a : a' = 4 : 1$

$b : b' = 4 : 1$ $\quad b : 1{,}5 = 4 : 1$ $\quad b \cdot 1 = 1{,}5 \cdot 4$ $\quad$ **b = 6 cm**

$c : c' = 4 : 1$ $\quad c : 2 = 4 : 1$ $\quad c \cdot 1 = 2 \cdot 4$ $\quad$ **c = 8 cm**

$\mathbf{u} = a + b + c = 4\text{ cm} + 6\text{ cm} + 8\text{ cm} = \mathbf{18\ cm}$

$\mathbf{u'} = a' + b' + c' = 1\text{ cm} + 1{,}5\text{ cm} + 2\text{ cm} = \mathbf{4{,}5\ cm}$

$u : u' = 18 : 4{,}5$ $\quad \mathbf{u : u' = 4 : 1 = a : a'}$

b) $5 : r = 35 : 42$

$5 : r = 5 : 6 \quad 5 \cdot 6 = 5 \cdot r$ $\quad$ $\mathbf{r = 6}$

c) $\frac{8}{9} : \frac{4}{3} = \frac{{}^{2}\not{8}}{\not{9}_{3}} \cdot \frac{\not{3}^{1}}{{}_{1}\not{4}} = \frac{2}{3}, \; 1 : \frac{3}{2} = 1 \cdot \frac{2}{3} = \frac{2}{3} \Rightarrow$

$\frac{8}{9} : \frac{4}{3} = 1 : \frac{3}{2}$

K28 a) $n \rightarrow 3 \cdot n - 14$

$5 \rightarrow 3 \cdot 5 - 14 = 1$

$6 \rightarrow 3 \cdot 6 - 14 = 4$

$7 \rightarrow 3 \cdot 7 - 14 = 7$

$8 \rightarrow 3 \cdot 8 - 14 = 10$

$9 \rightarrow 3 \cdot 9 - 14 = 13$

$10 \rightarrow 3 \cdot 10 - 14 = 16$

h ist deshalb eine Funktion, weil jeder natürlichen Zahl von 5 bis 10 genau eine natürliche Zahl zugeordnet ist. Die Punkte des Graphen dürfen nicht verbunden werden, weil die Zahlen dazwischen nicht zur Verfügung stehen.

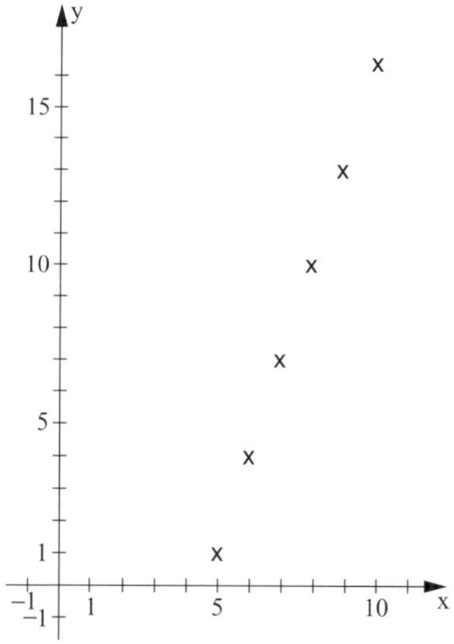

b) f unterscheidet sich von h dadurch, dass beim Graphen von f alle Punkte verbunden werden dürfen, weil hier alle Zahlen von 5 bis 10 gegeben sind. Der Zahl 6 wird 4 zugeordnet, zum zugeordneten Wert 14 gehört der x-Wert $9{,}\dot{3}$.

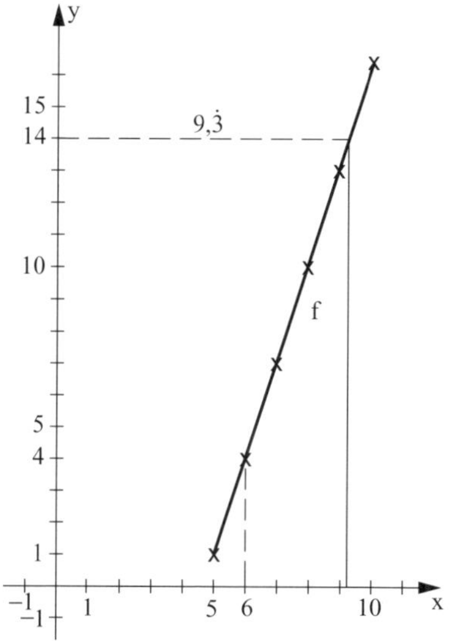

K29 $u = 2a + c$

$20 = 2a + c$

$2a = 20 - c$

$a = \frac{1}{2} \cdot (20 - c)$

$c \rightarrow \frac{1}{2} \cdot (20 - c)$ oder $a = \frac{1}{2} \cdot (20 - c)$

Es handelt sich hierbei um eine lineare Funktion.

c	a
1	9,5
2	9
3	8,5
4	8
5	7,5
6	7
7	6,5
8	6
9	5,5
10	5
11	4,5
12	4
13	3,5
14	3
15	2,5
16	2
17	1,5
18	1
19	0,5

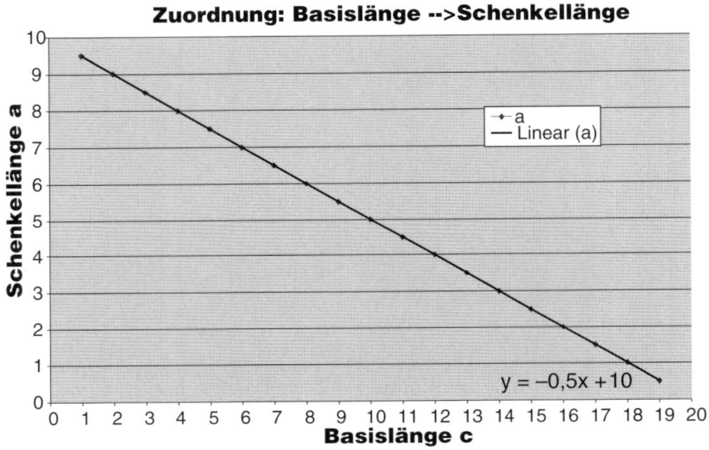

Bei einer Basislänge von 12,5 cm beträgt die Schenkellänge 3,75 cm.

Karteikarten

Auf **Karteikarten** schreiben wir dir zu den einzelnen Themen die wichtigsten Begriffe und Merksätze zusammen, die du öfter wiederholen sollst. Du könntest dir dafür z.B. einen Karteikasten oder ein Fotoalbum kaufen, in welchem die Fotos auf beiden Seiten untereinander eingesteckt werden können. Schneide die folgenden Seiten aus und gib sie in deinen Karteikasten bzw. in dein Fotoalbum.

KK 1

Die Menge der rationalen Zahlen $\mathbb{Q}$

Zum Aufzählen kennst du die natürlichen Zahlen $\mathbb{N} = \{0, 1, 2, 3, \ldots\}$. Du kennst aber auch bereits die Bruchzahlen, z.B. $\frac{1}{2}$, $3\frac{3}{4}$, ...

Sie liegen auf dem Zahlenstrahl rechts von Null, haben also einen Wert größer als Null und heißen auch **positive rationale Zahlen** $\mathbb{Q}^+$.

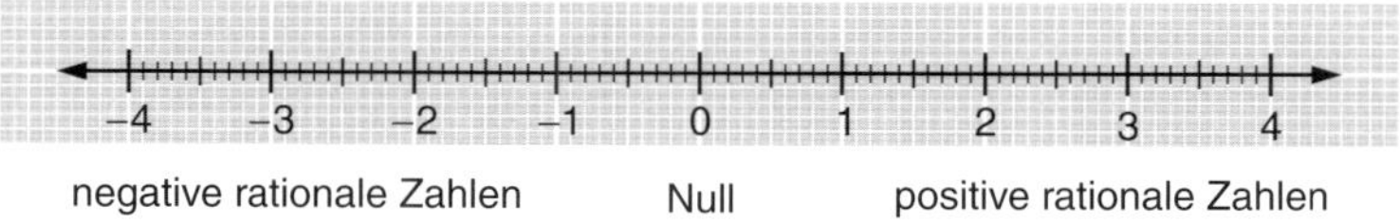

Trägt man diese Zahlen von Null ausgehend nach links auf, so haben diese Zahlen einen Wert kleiner als Null. Sie werden als **negative rationale Zahlen** bezeichnet. Man schreibt dafür $\mathbb{Q}^-$. Du erkennst sie an dem vorgesetzten **Minuszeichen**.

Es gilt: Jede negative rationale Zahl a ist kleiner als Null. Man schreibt: $a < 0$.
Jede positive rationale Zahl b ist größer als Null. Man schreibt: $b > 0$.
Jede negative Zahl a ist kleiner als jede positive Zahl b: $a < b$, wenn $a < 0$ und $b > 0$ ist.

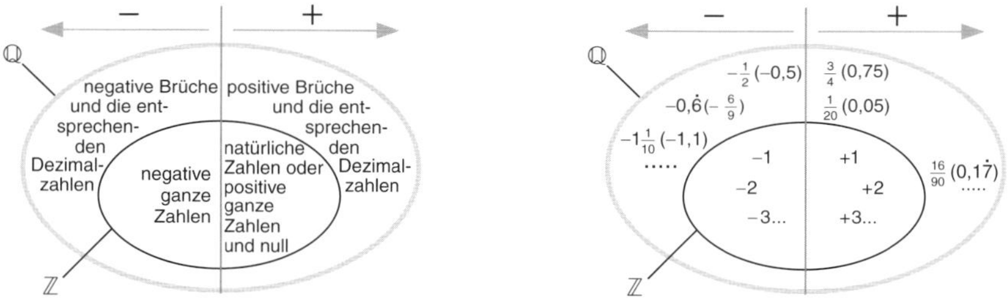

KK 2

Betrag einer Zahl

Den Abstand einer Zahl vom Nullpunkt nennt man den **(absoluten) Betrag** der Zahl, man schreibt: $|a|$.

z.B.: $|+3| = 3 \quad |-3| = 3 \quad |0| = 0$

Die Zahl $-$ **a** heißt die **Gegenzahl** von **a**.

a und $-a$ liegen zum Nullpunkt symmetrisch.

Rationale Zahlen kann man auf der Zahlengeraden durch Pfeile darstellen. Die **Pfeilrichtung** entspricht dem **Vorzeichen**. (Pfeil nach rechts heißt Vorzeichen +, Pfeil nach links heißt Vorzeichen −.)

Die **Länge** des Pfeils gibt den **Betrag der Zahl** an. (Der Anfangspunkt des Pfeils kann frei gewählt werden.)

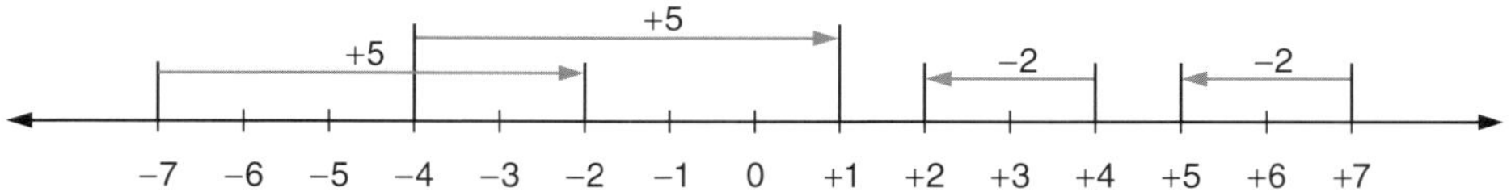

KK 3

Addition rationaler Zahlen

$(+3) + (+5) = +8$

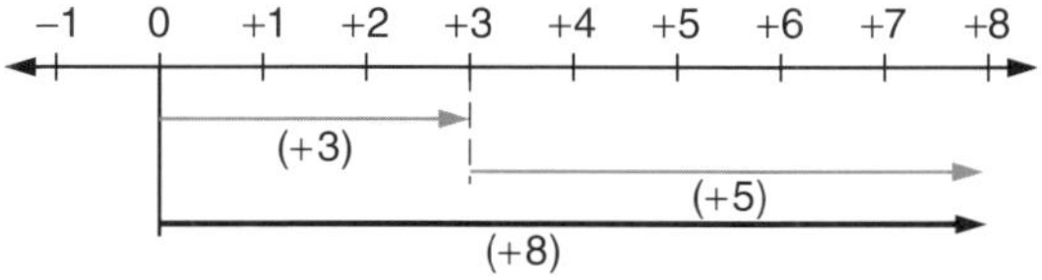

$(+3) + (-5) = -2$

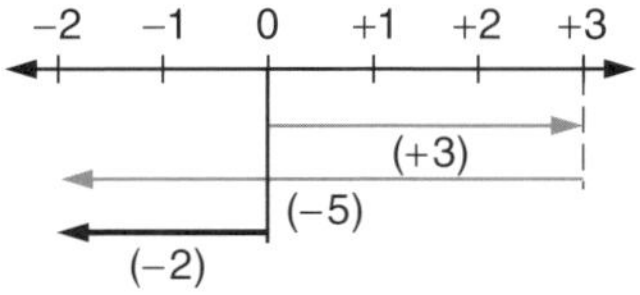

$(-3) + (+5) = +2$

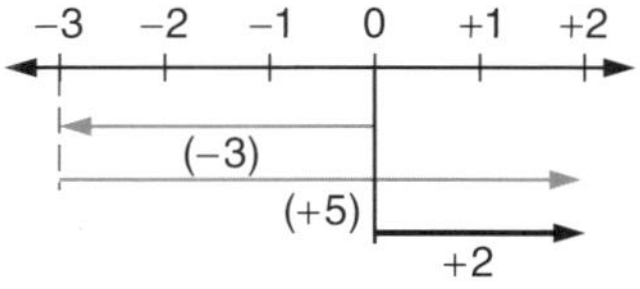

$(-3) + (-5) = -8$

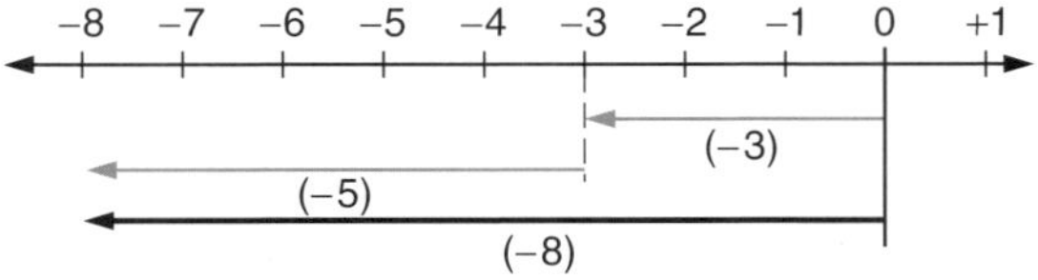

Mit Variablen kann man dies so beschreiben:

$(+a) + (+b) = a + b$

$(+a) + (-b) = a - b$

$(-a) + (+b) = -a + b$

$(-a) + (-b) = -a - b$

KK 4

Subtraktion rationaler Zahlen

$-a$ heißt die Gegenzahl von a, welche durch den Pfeil mit der entgegengesetzten Richtung dargestellt wird:

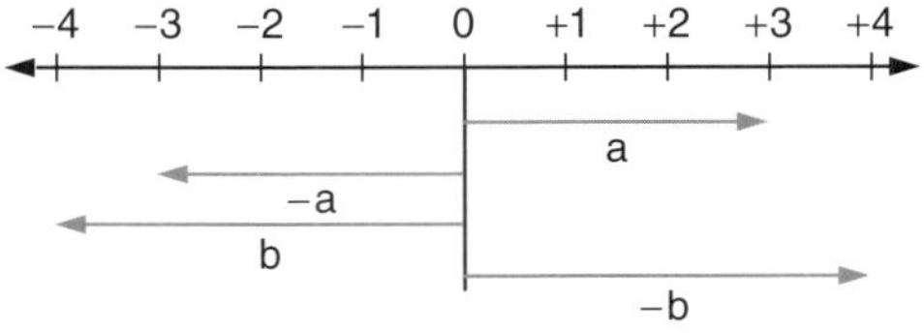

Die Subtraktion zweier rationaler Zahlen wird als Addition der Gegenzahl ausgeführt.

$(+3) - (+5) = (+3) + (-5) = -2$ (-5) ist die Gegenzahl von $(+5)$

$(+3) - (-5) = (+3) + (+5) = 8$ $(+5)$ ist die Gegenzahl von (-5)

$(-3) - (+5) = (-3) + (-5) = -8$ (-5) ist die Gegenzahl von $(+5)$

$(-3) - (-5) = (-3) + (+5) = 2$ $(+5)$ ist die Gegenzahl von (-5)

Mit Variablen kann man dies so anschreiben:

$(+a) - (+b) = (+a) + (-b) = a - b$

$(+a) - (-b) = (+a) + (+b) = a + b$

$(-a) - (+b) = (-a) + (-b) = -a - b$

$(-a) - (-b) = (-a) + (+b) = -a + b$

KK 5

Multiplikation und Division rationaler Zahlen

Die Addition gleicher Summanden führt zur Multiplikation.

$(+5) + (+5) + (+5) = (+5) \cdot 3 = (+5) \cdot (+3) = +15$

$(-5) + (-5) + (-5) = (-5) \cdot 3 = (-5) \cdot (+3) = -15$

Mit Variablen kann man das so schreiben:

$(+a) \cdot (+b) = +(a \cdot b)$ „plus mal plus ergibt plus“

$(-a) \cdot (+b) = -(a \cdot b)$ „minus mal plus ergibt minus“

$(-a) \cdot (-b) = +(a \cdot b)$ „minus mal minus ergibt plus“

$(+a) \cdot (-b) = -(a \cdot b)$ „plus mal minus ergibt minus“

Die Division ist die Umkehrung der Multiplikation.

Aus $(+5) \cdot (+3) = +15$ folgt $(+15) : (+3) = +5$ oder $(+15) : (+5) = +3$

Aus $(-5) \cdot (+3) = -15$ folgt $(-15) : (+3) = -5$ oder $(-15) : (-5) = +3$

Aus $(+5) \cdot (-3) = -15$ folgt $(-15) : (-3) = +5$ oder $(-15) : (+5) = -3$

Aus $(-5) \cdot (-3) = +15$ folgt $(+15) : (-3) = -5$ oder $(+15) : (-5) = -3$

Mit Variablen kann man das so schreiben:

$(+a) : (+b) = +(a : b)$ „plus durch plus ergibt plus“

$(+a) : (-b) = -(a : b)$ „plus durch minus ergibt minus“

$(-a) : (+b) = -(a : b)$ „minus durch plus ergibt minus“

$(-a) : (-b) = +(a : b)$ „minus durch minus ergibt plus“

KK 6

Verbindung der vier Grundrechenarten mit rationalen Zahlen

Wie beim Rechnen mit natürlichen Zahlen ($\mathbb{N}$) gelten auch beim Rechnen mit rationalen Zahlen ($\mathbb{Q}$) folgende Vorrangregeln:

„Punktrechnungen“ ($\cdot$ und $:$) haben den Vorrang vor **„Strichrechnungen“** ($+$ und $-$)!

Kommen in einer Rechnung neben den Punkt- und Strichrechnungen auch Klammern vor, so gilt:

1. Rechnungen in den Klammern
2. „Punktrechnungen“ ($\cdot$ und $:$)
3. „Strichrechnungen“ ($+$ und $-$)

KK 7

Potenzen

Wird eine Zahl a mit sich selbst multipliziert, so schreibt man dafür $a^2 = a \cdot a$

a heißt **Grundzahl** oder **Basis**, 2 **Hochzahl** oder **Exponent** (lat.: hochstellen)

a^2 heißt **Potenz,** sprich „a zum Quadrat" oder „a hoch 2"

Ein **Produkt mit jeweils gleichen Faktoren** kann man kürzer als **Potenz** schreiben.

$$\underbrace{\mathbf{2 \cdot 2 \cdot 2 \cdot 2 \cdot 2}}_{\text{Produkt}} = \underbrace{\mathbf{2^5}}_{\text{Potenz}} = \overbrace{\mathbf{32}}^{\text{Potenzwert}} \qquad \underbrace{\mathbf{a \cdot a \cdot a \cdot \ldots \cdot a}}_{\text{n Faktoren}} = \mathbf{a^n}$$

(n: Exponent, a: Basis)

(2^5 gesprochen: 2 hoch 5)

Potenzrechnung geht vor Punkt- und Strichrechnung. Klammerrechnung geht vor Potenzrechnung.

KK 8

Zehnerpotenzen, Gleitkommadarstellung

Jede Potenz mit der Basis 10 heißt Zehnerpotenz.

Große Zahlen schreibt man oft als Produkt mit Zehnerpotenzen. Hierbei achtet man darauf, dass der erste Faktor nur eine Stelle vor dem Komma hat. Der zweite Faktor ist eine Zehnerpotenz.

$10 = 10^1$
$100 = 10^2$
$1\,000 = 10^3$
$1\,000\,000 = 10^6$ (1 Million)
$1\,000\,000\,000 = 10^9$ (1 Milliarde)
$1\,000\,000\,000\,000 = 10^{12}$ (1 Billion)

Zahlen werden häufig in der **Gleitkommadarstellung** angeschrieben:
z.B.:

$0{,}55678 = 5{,}5678 : 10 = 5{,}5678 \cdot 10^{-1}$

$123\,456 = 1{,}23456 \cdot 100\,000 = 1{,}23456 \cdot 10^5$

$1 = 10^0$
$0{,}1 = 10^{-1}$
$0{,}01 = 10^{-2}$
$0{,}001 = 10^{-3}$

Spezielle kleine Größen: 1 **Milli**meter = 1 mm = $1 \cdot 10^{-3}$ m
1 **Mikro**meter = 1 μm = $1 \cdot 10^{-6}$ m
1 **Nano**meter = 1 nm = $1 \cdot 10^{-9}$ m

KK9

Terme

Terme sind Rechenausdrücke, die auch Platzhalter oder Variable enthalten können.

Z. B.: $T(x, y) = 3 \cdot x + 2 \cdot y$

Setzt man für die Variablen Zahlen ein, so berechnet man den Wert des Termes.

Z. B.: $x = 2 \qquad y = -3 \qquad 3 \cdot 2 + 2 \cdot (-3) = 0$

Vereinfachen von Termen

Mit Hilfe der Addition / Subtraktion können nur gleichartige Variablen zusammengefasst werden.

Z. B.: $b + 2b + 3b = 6b$

Kommen in einem Term verschiedene Variablen vor, ordnet man sie zuerst und fasst sie anschließend zusammen.

Z. B.: $3b - 2a + 4a - c + b - 3c = 3b + b - 2a + 4a - c - 3c = 4b + 2a - 4c$

Beim Vereinfachen durch Multiplikation werden die Zahlen multipliziert, die Variablen als Faktoren angeschrieben.

Z. B.: $2r \cdot 5h \cdot 7t = 2 \cdot 5 \cdot 7 \cdot r \cdot h \cdot t = 70hrt$

Bei der Division ist es ratsam, diese mit einem Bruchstrich anzuschreiben, weil der Term vielleicht durch Kürzen vereinfacht werden kann.

Z. B.: $20ab : 4b = \frac{20ab}{4b} = \frac{{}^{1}\cancel{4} \cdot 5 \cdot a \cdot \cancel{b}^{1}}{{}_{1}\cancel{4}\cancel{b}_{1}} = 5a$

Distributivgesetz: $a \cdot (b + c) = a \cdot b + a \cdot c \qquad a \cdot (b - c) = a \cdot b - a \cdot c$

KK10

Lineare Gleichungen in einer Variablen (Fortsetzung von KK1 aus MatheMaster2)

$2x - 3 = 4$ ist eine **Gleichung**.

Beim **Lösen einer Gleichung / Ungleichung** musst du aus der **Grundmenge G** (gegebener Zahlenvorrat) jene Zahlen suchen, die du für die Variable einsetzen kannst, sodass dadurch eine **wahre Aussage** entsteht. Alle diese Zahlen gehören, sofern sie der Grundmenge angehören, der **Lösungsmenge L** der Gleichung an.

Zum Lösen stehen dir 2 Methoden zur Verfügung:

Pfeilmethode: Du machst die einzelnen Rechenschritte rückgängig.

z. B.: $2x - 3 = 4 \qquad x \xrightarrow{\cdot 2} 2x \xrightarrow{-3} 4$

$3{,}5 \xleftarrow{:2} 7 \xleftarrow{+3} 4 \qquad x = 3{,}5$

Waagemodell: Du führst in jeder Waagschale die gleiche Aktion durch (Äquivalenzumformung).

z.B.	$2 \cdot x - 3$	4	1) Du gibst in beide Schalen 3 hinein.
	$2 \cdot x$	7	2) Du halbierst in jeder Schale den Inhalt.
	x	3,5	$x = 3{,}5$

Du kannst auch eine **Probe** machen: Du setzt die Variable zuerst in den Term der linken Seite ein und notierst das Ergebnis oder speicherst es im TR, dann in den rechten Term der Gleichung und notierst das Ergebnis oder speicherst es im TR, dann vergleichst du die Ergebnisse der beiden Seiten.

Zum Begriff **Äquivalenzumformung** siehe Rückseite.

Unter **Äqui|valenz|umformungen** (gleich|wertige|Umformungen) einer Gleichung versteht man solche Umformungen, die auf beiden Seiten der Gleichung ausgeführt werden und die Lösungsmenge nicht verändern.

Du darfst auf beiden Seiten

die selbe Zahl addieren oder subtrahieren,

mit der selben von Null verschiedenen Zahl multiplizieren,

durch die selbe von Null verschiedene Zahl dividieren oder

die Variablen addieren / subtrahieren.

KK 11

Arbeiten mit Sach- und Textaufgaben

Beachte: Vor dem Aufstellen einer Gleichung müssen alle Größen gleicher Art die selbe Maßeinheit haben.

Lösungsschritte:

1. Ordne der gesuchten Größe einen Variablennamen zu. Tipp: Schreibe mit eigenen Worten dazu, wofür die Variable steht.
2. Übersetze die Angaben des Textes in Terme und bilde daraus eine Gleichung.
3. Überlege eine sinnvolle Grundmenge G.
4. Löse die Gleichung.
5. Überprüfe das erhaltene Ergebnis am Aufgabentext.
6. Verfasse eine schriftliche Antwort für die gestellte Frage.

KK 12

Textgleichungen — Bewegungsaufgaben, Arbeit, Freier Fall

Bewegungsaufgaben:

v …… Geschwindigkeit (velocity), sie wird in (Meter pro Sekunde) oder in (Kilometer pro Stunde) angegeben.

s …… Weg (space, Abstand)

t …… Zeit (time)

Gleichförmige Bewegung: $s = v \cdot t$

Anhalteweg = Reaktionsweg + Bremsweg

Arbeit im physikalischen Sinn:

Die Arbeit W (work) als physikalische Größe ist durch das Produkt aus der Kraft F (force) und dem Weg s festgelegt. Die Kraft wird in Newton (N) angegeben. Die Maßeinheit für die Arbeit ist Newtonmeter (Nm). Es gilt: 1 Nm = 1 Joule (J)

Arbeit = Kraft · Weg $\quad W = F \cdot s$

Auf eine Masse von 1 kg wirkt auf der Erde eine Gewichtskraft von 9,81 N. Für Näherungen wird mit einem Wert von 10 N gerechnet.

Wippe im Gleichgewicht: (Hebelgesetz)

$F_1 \cdot a_1 = F_2 \cdot a_2$

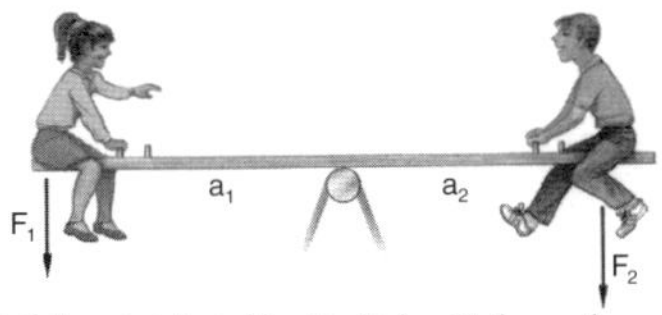

Freier Fall:

$s = \frac{9{,}81}{2} \cdot t^2$ s ist der Weg, den der Körper zurücklegt, t ist die Zeit in Sekunden.

KK 13

Textgleichungen — Mischungsaufgaben

Ein Kaufmann mischt 30 dag Aufschnittwurst zu 0,8 €/ 10 dag mit 50 dag Schinken zu 1,12 € / 10 dag. Welchen Preis haben 10 dag dieser Mischung?

Menge	Preis/Einheit	Preis
30 dag	0,8 €/ 10 dag	$0{,}8 \cdot 3$ €
50 dag	1,12 €/ 10 dag	$1{,}12 \cdot 5$ €
80 dag	x €/ 10 dag	x € · 8

Gleichung: $0{,}8 \cdot 3 + 1{,}12 \cdot 5 = x \cdot 8$ $x = 1$
10 dag der Mischung kosten 1 €.

Ein Apotheker mischt 10 ℓ eines 45%-igen Alkohols mit 15ℓ 70%-igem Alkohol. Welchen Alkoholgehalt hat die Mischung?

Menge (in ℓ)	Alkoholgehalt in %	Reiner Alkohol (in ℓ)
10	45	$10 \cdot 0{,}45$
15	70	$15 \cdot 0{,}70$
25	x	$25 \cdot x : 100$

Gleichung: $10 \cdot 0{,}45 + 15 \cdot 0{,}70 = 25 \cdot \frac{x}{100}$ $x = 60$ Die Mischung ist ein 60%-iger Alkohol.

KK 14

Das Koordinatensystem (Fortsetzung von KK14 aus MatheMaster 2)

Um die genaue Lage von Punkten beschreiben zu können, verwendet man ein **rechtwinkeliges Koordinatensystem**, also ein Quadratgitter. Dieses wird durch die **x-Achse** (waagrechte Achse) und durch die **y-Achse** (senkrechte Achse), die also im rechten Winkel aufeinander stehen, gebildet. Auf jeder Achse wird eine Einheit gewählt, z.B. 1 cm.

Die Lage eines Punktes beschreibt man durch **2 Koordinaten**: Zuerst gibt man die x-Koordinate und dann die y-Koordinate an. Man schreibt: P(x | y)

Im Schnittpunkt der beiden Achsen liegt der Punkt (0 | 0), der Ursprung genannt wird.

Vom Ursprung aus werden nach rechts und nach oben die positiven Koordinatenwerte, nach links und nach unten die negativen Koordinatenwerte eingetragen.

Die beiden Koordinatenachsen unterteilen die Zeichenebene in 4 Felder, welche man **Quadranten** nennt.

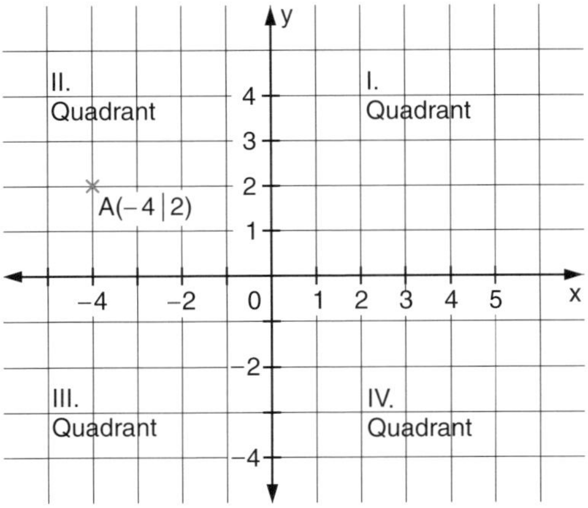

KK 15

Das Dreieck (Fortsetzung von KK9 aus MatheMaster 2)

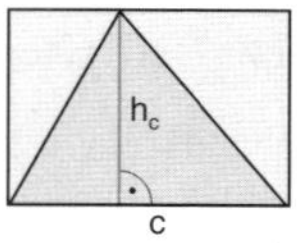

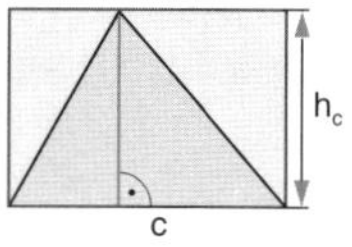

Der Flächeninhalt eines beliebigen Dreieckes:

Jedes Dreieck lässt sich zu einem doppelt so großen Rechteck ergänzen. Daher gilt für den Flächeninhalt des Dreiecks:

Flächeninhalt $= \frac{\text{Seite} \cdot \text{zugehörige Höhe}}{2}$

Daraus ergeben sich die folgenden Formeln: $\mathbf{A = \frac{a \cdot h_a}{2}}$, $\mathbf{A = \frac{b \cdot h_b}{2}}$, $\mathbf{A = \frac{c \cdot h_c}{2}}$

Für den Umfang des Dreiecks gilt: $\mathbf{u = a + b + c}$

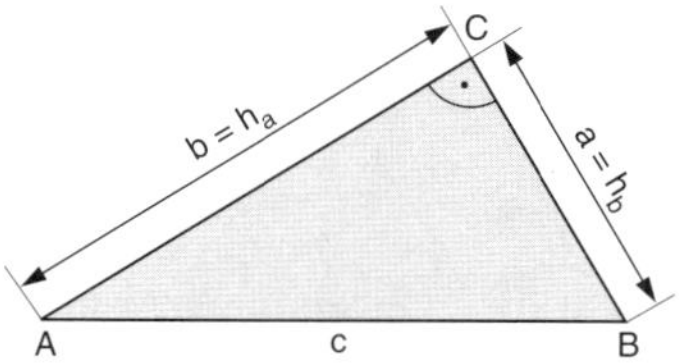

Spezialfall: **Rechtwinkeliges Dreieck**

Im rechtwinkeligen Dreieck gilt:

Kathete $a = h_b$, Kathete $b = h_a$

Daraus folgt: $A = \frac{a \cdot h_a}{2} = \frac{a \cdot b}{2} = \frac{b \cdot h_b}{2} = \frac{b \cdot a}{2}$ $\qquad \mathbf{A = \frac{a \cdot b}{2}}$

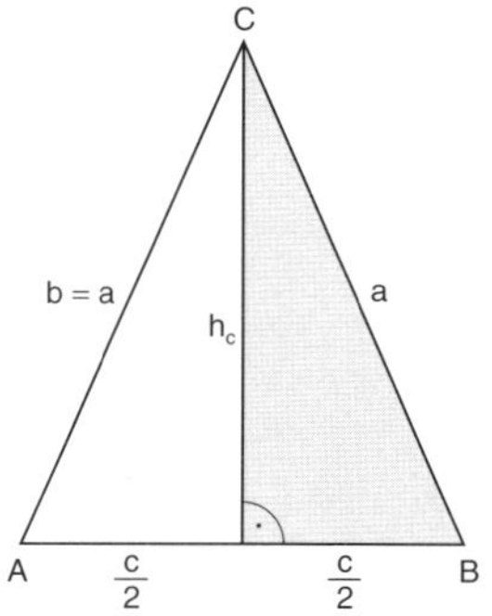

Spezialfall: **Gleichschenkeliges Dreieck:**

Die Höhe h_c teilt das gleichschenkelige Dreieck in zwei kongruente rechtwinkelige Dreiecke.

$h_c^2 = a^2 - \left(\frac{c}{2}\right)^2$ $\qquad a^2 = h_c^2 + \left(\frac{c}{2}\right)^2$ $\qquad A = \frac{c \cdot h_c}{2}$

$\mathbf{h_c = \sqrt{a^2 - \left(\frac{c}{2}\right)^2}}$ $\qquad \mathbf{a = \sqrt{h_c^2 + \left(\frac{c}{2}\right)^2}}$ $\qquad u = 2a + c$

Spezialfall: **Gleichseitiges Dreieck:** siehe Rückseite

KK 16

Das Parallelogramm (Fortsetzung von KK15 aus MatheMaster2)

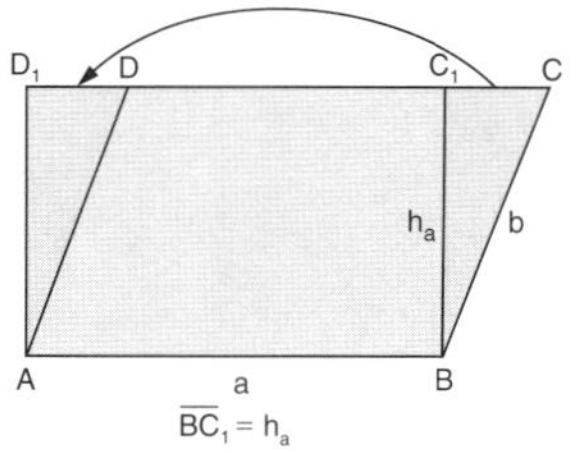

Der Flächeninhalt des Parallelogrammes:

Parallelogramme mit gleich langer Grundlinie und gleich langer zugehöriger Höhe sind flächengleich.

$A = a \cdot h_a = b \cdot h_b$

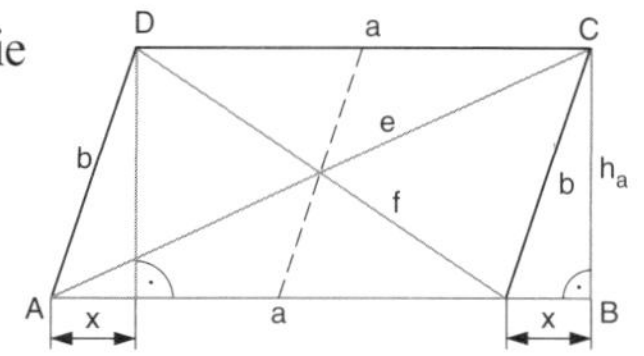

Mit Hilfe des pythagoräischen Lehrsatzes und derHöhe h_a können die Diagonalen e und f errechnet werden.

Für e und f gilt: $e^2 = (a + x)^2 + h_a^2$ $\qquad f^2 = (a - x)^2 + h_a^2$

$\mathbf{e = \sqrt{(a + x)^2 + h_a^2}}$ $\qquad \mathbf{f = \sqrt{(a - x)^2 + h_a^2}}$

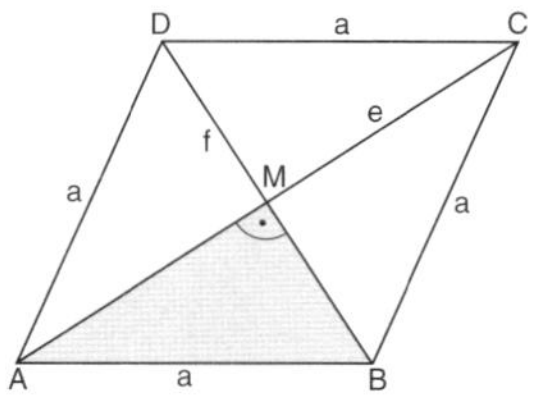

Spezialfall: **Raute (Rhombus):**

$\overline{AC} = e$, $\overline{BD} = f$, $\overline{AM} = \frac{e}{2}$, $\overline{BM} = \frac{f}{2}$

Eine **Raute** wird durch die beiden normal aufeinander stehenden Diagonalen in vier kongruente rechtwinkelige Dreiecke zerlegt.

Für die Seite a der Raute gilt: $a^2 = \left(\frac{e}{2}\right)^2 + \left(\frac{f}{2}\right)^2$

$\mathbf{a = \sqrt{\left(\frac{e}{2}\right)^2 + \left(\frac{f}{2}\right)^2}}$

Spezialfall: **Gleichseitiges Dreieck:**

Die Höhe h teilt das gleichseitige Dreieck in zwei kongruente rechtwinkelige Dreiecke. Mit Hilfe des pythagoräischen Lehrsatzes kann die Formel zur Berechnung der Höhe h und des Flächeninhalts A hergeleitet werden.

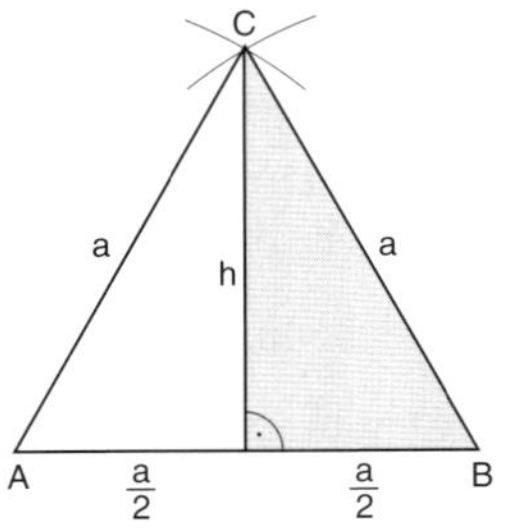

$h^2 = a^2 - \left(\frac{a}{2}\right)^2 \Rightarrow h = \sqrt{a^2 - \left(\frac{a}{2}\right)^2} = \sqrt{a^2 - \frac{a^2}{4}} = \sqrt{\frac{4a^2 - a^2}{4}} = \sqrt{\frac{3a^2}{4}} = \frac{a}{2}\sqrt{3}$ $\quad \mathbf{h = \frac{a}{2}\sqrt{3}}$

Für die Flächeninhaltsformel des gleichseitigen Dreiecks ergibt sich daraus Folgendes:

$A = \frac{a \cdot h}{2} = \frac{a}{2} \cdot \frac{a}{2} \cdot \sqrt{3} = \frac{a^2}{4}\sqrt{3}$ $\quad \mathbf{A = \frac{a^2}{4}\sqrt{3}}$ $\quad (\sqrt{3} \approx 1{,}7)$

KK 17

Das Trapez (Fortsetzung von KK17 aus MatheMaster 2)

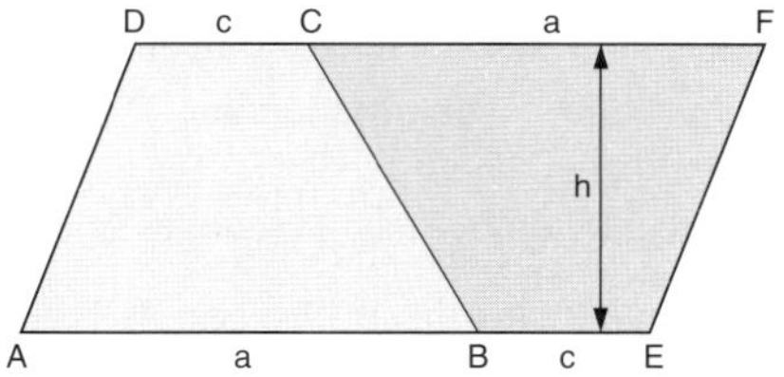

Der Flächeninhalt eines Trapezes

Um die Flächenformel für das Trapez zu finden, setzen wir zwei kongruente Trapeze ABCD und FCBE, zu einem Parallelogramm zusammen. Die beiden Trapeze sind zueinander um 180° verdreht.

A_P = Grundlinie · zugehöriger Höhe

Die Grundlinie des Parallelogramms hat die Länge $(a + c)$. Die zugehörige Höhe ist gleich lang wie die Trapezhöhe. Das Parallelogramm hat also den Flächeninhalt $(a + c) \cdot h$.

Daraus folgt für das Trapez: $\mathbf{A_T = \frac{(a + c) \cdot h}{2}}$

Ungleichschenkeliges Trapez:

Aus der Skizze eines ungleichschenkeligen Trapezes lässt sich für die Berechnung einzelner Bestimmungsstücke Folgendes erkennen:

Im rechtwinkeligen Dreieck AFD gilt: $d^2 = x^2 + h^2 \Rightarrow \mathbf{d = \sqrt{x^2 + h^2}}$

Im rechtwinkeligen Dreieck BCE gilt: $b^2 = y^2 + h^2 \Rightarrow \mathbf{b = \sqrt{y^2 + h^2}}$

Weiters gilt: $a = x + c + y \Rightarrow \mathbf{c = a - x - y}$

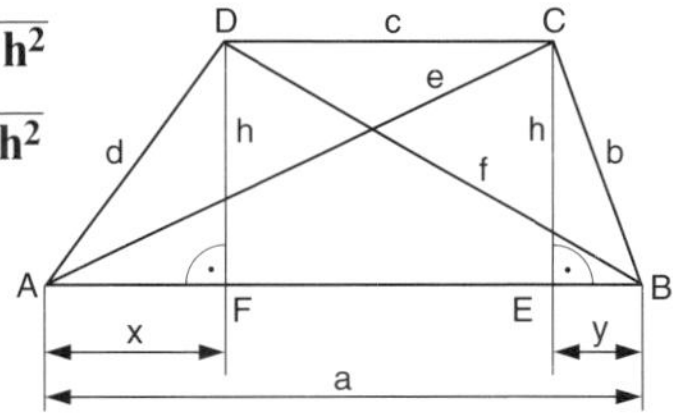

Spezialfall: **Gleichschenkeliges Trapez**: Siehe Rückseite

KK 18

Das Deltoid (Fortsetzung von KK18 aus MatheMaster 2)

Der Flächeninhalt des Deltoids:

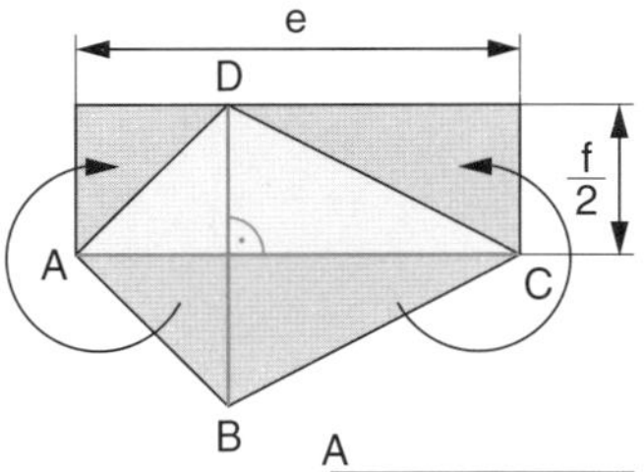

Im Deltoid stehen die Diagonalen aufeinander normal. Deshalb lässt sich jedes Deltoid in vier rechtwinkelige Dreiecke zerlegen.

$A = \frac{e \cdot f}{2}$

Im Deltoid stehen die Diagonalen aufeinander normal.

Die Diagonale $\overline{AC} = e$ ist Symmetrieachse des Deltoids. Beide Diagonalen zerlegen das Deltoid in rechtwinkelige Dreiecke.

Mit Hilfe der beiden rechtwinkeligen Dreiecke AED bzw. ECD lassen sich die Seitenlängen a und b errechnen.

$a^2 = x^2 + \left(\frac{f}{2}\right)^2$ $\quad$ $b^2 = y^2 + \left(\frac{f}{2}\right)^2$ $\quad$ $\mathbf{e = x + y}$

$\mathbf{a = \sqrt{x^2 + \left(\frac{f}{2}\right)^2}}$ $\quad$ $\mathbf{b = \sqrt{y^2 + \left(\frac{f}{2}\right)^2}}$

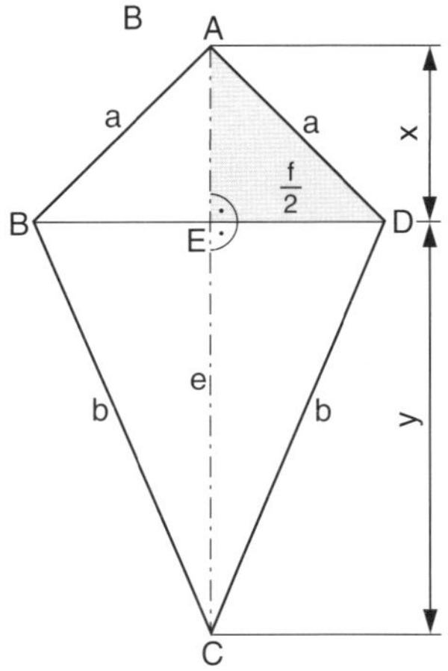

Spezialfall: **Gleichschenkeliges Trapez:**

Aus der nebenstehenden Figur eines gleichschenkeligen Trapezes lässt sich für die Berechnung einzelner Bestimmungsstücke Folgendes erkennen:

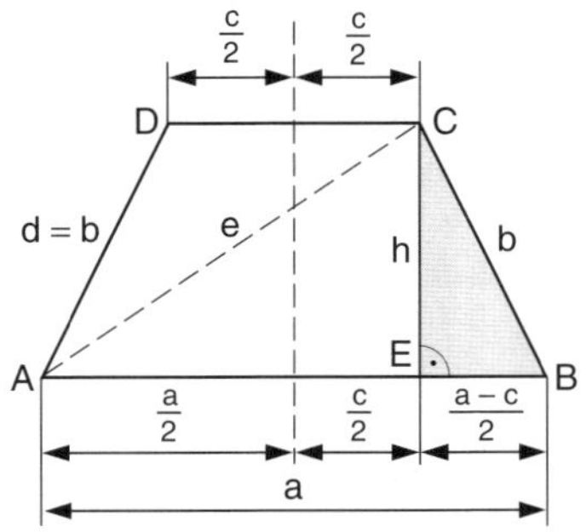

Im rechtwinkeligen Dreieck BCE gilt:

$b^2 = h^2 + \left(\frac{a-c}{2}\right)^2 \Rightarrow b = \sqrt{h^2 + \left(\frac{a-c}{2}\right)^2}$

Im rechtwinkeligen Dreieck AEC gilt:

$e^2 = h^2 + \left(\frac{a+c}{2}\right)^2 \Rightarrow e = \sqrt{h^2 + \left(\frac{a+c}{2}\right)^2}$

KK 19

Das Quadrat (Fortsetzung von KK28 aus MatheMaster 1)

Die Länge der Diagonale eines Quadrates:

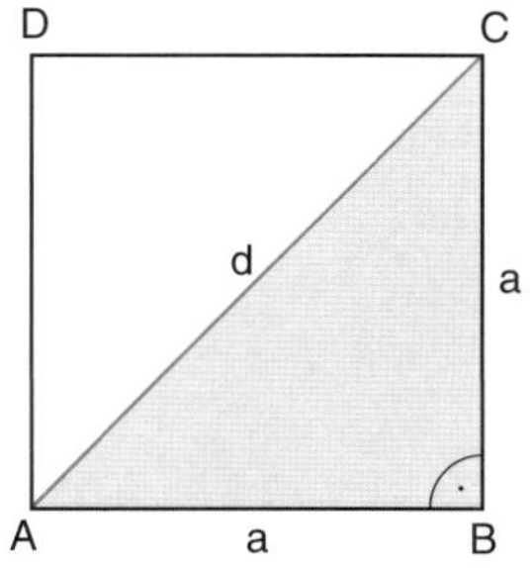

Die Diagonale d teilt das Quadrat in zwei kongruente gleichschenkelig-rechtwinkelige Dreiecke.

Für d gilt: $d^2 = a^2 + a^2$ $\qquad \sqrt{2} \approx 1{,}4142$

$d^2 = a^2 \cdot 2 \quad |\sqrt{\ }$ $\qquad \sqrt{2} \approx 1{,}4$ ohne TR

$d = \sqrt{a^2 \cdot 2}$

$\mathbf{d = a \cdot \sqrt{2}}$

KK 20

Volumen eines Prismas:

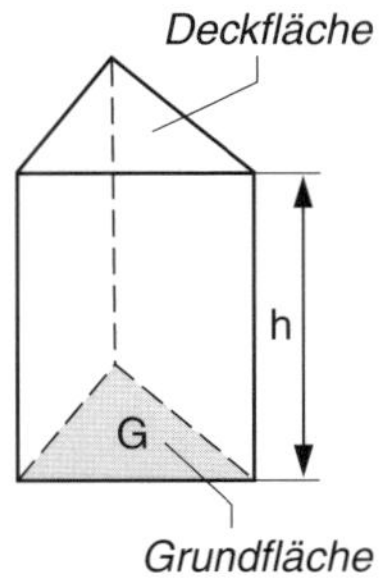

Ein Prisma ist ein **Körper mit kongruenter** (deckungsgleicher) **Grund- und Deckfläche**. Die Grund- und Deckflächen sind Vielecke und liegen in parallelen Ebenen. Stehen die Seitenflächen des Prismas senkrecht zur Grundfläche, spricht man von einem **geraden Prisma**, andernfalls von einem **schiefen Prisma**. Das Volumen eines Prismas wird mit folgender Formel berechnet:

Volumen eines Prismas = Größe der Grundfläche mal Körperhöhe

Kurz: $\mathbf{V = G \cdot h}$

Für Volumen wird oft auch der Begriff Rauminhalt verwendet.

Raummaße

$1\ m^3 = 1\,000\ dm^3$
$1\ dm^3 = 1\,000\ cm^3$
$1\ cm^3 = 1\,000\ mm^3$

Die Umrechnungszahl bei benachbarten Raummaßen ist 1000.

KK 21

Umkehraufgaben zur Volumsberechnung von Prismen:

Nicht immer ist das Volumen eines Prismas gesucht. Manchmal ist das Volumen gegeben und eine Seite oder die Körperhöhe soll berechnet werden.
Hier gibt es zwei Möglichkeiten, die Aufgabe zu lösen:

1. Möglichkeit
- Schreibe die Formel auf
- Setze die bekannten Werte ein
- Löse nach der verbleibenden Variablen auf

2. Möglichkeit
- Schreibe die Formel auf
- Löse die Formel nach der gesuchten Variablen auf
- Setze die bekannten Werte ein und berechne

Beispiel: Von einem dreiseitigen Prisma sind gegeben: $V = 120\ cm^3$, $a = 6\ cm$, $h_a = 5\ cm$, gesucht ist h.

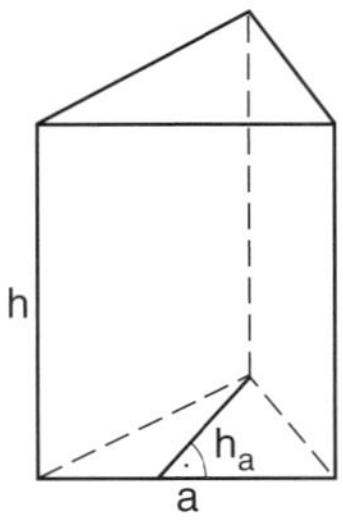

$$V = \frac{a \cdot h_a}{2} \cdot h$$
$$120 = \frac{6 \cdot 5}{2} \cdot h$$
$$120 = 15 \cdot h \qquad | : 15$$
$$h = 8$$

$$V = \frac{a \cdot h_a}{2} \cdot h \qquad | \cdot 2$$
$$2 \cdot V = a \cdot h_a \cdot h \qquad | : (a \cdot h_a)$$
$$h = \frac{2 \cdot V}{a \cdot h_a}$$
$$h = \frac{2 \cdot 120}{6 \cdot 5} = 8$$

Die Höhe beträgt 8 cm.

KK 22

Oberflächeninhalte von Prismen:

Unter dem **Netz** eines Prismas versteht man den Plan aller Begrenzungsflächen des Prismas.

Jedes Prisma hat in der Regel eine Grund- und eine Deckfläche (diese sind kongruent zueinander) und die Mantelfläche.

Man berechnet die Oberfläche eines Prismas, indem man die Flächeninhalte der Grund- und Deckfläche sowie der Mantelfläche addiert.

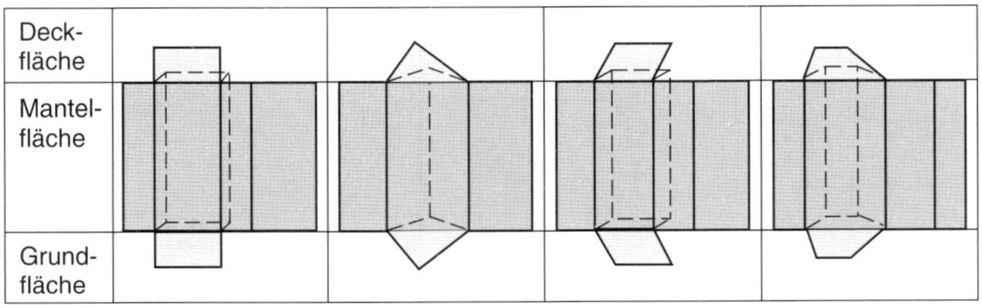

Fortsetzung siehe Rückseite

In Prismen haben die Grund- und Deckfläche immer den gleichen Flächeninhalt. Für die Oberflächenberechnung von Prismen ergibt sich daraus folgende Formel:

$\mathbf{O = 2 \cdot G + M}$ $\quad\quad$ $\mathbf{M = u \cdot h}$ (gilt nur für das gerade Prisma)
u ist der Umfang der Grundfläche.

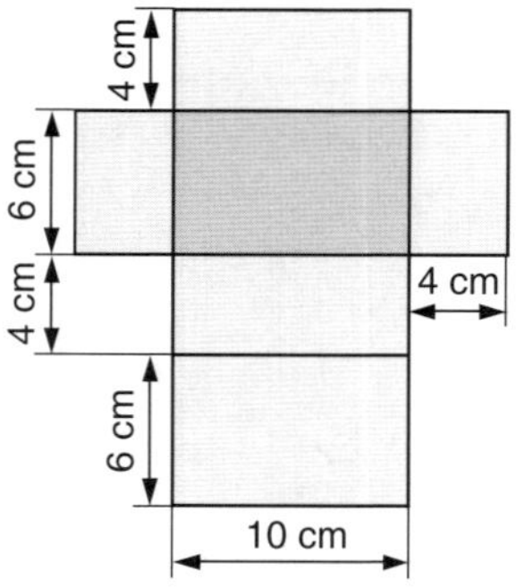

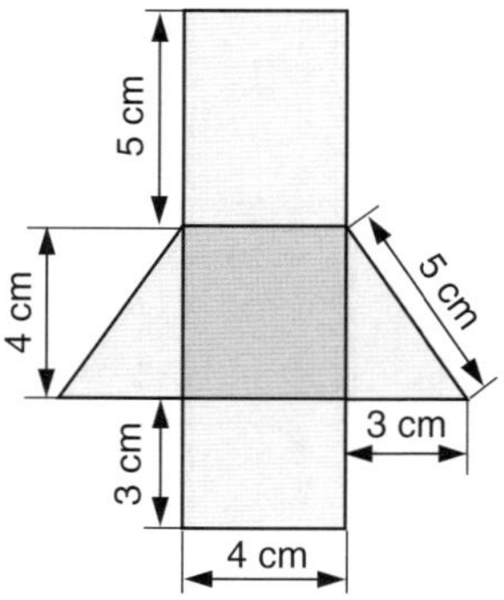

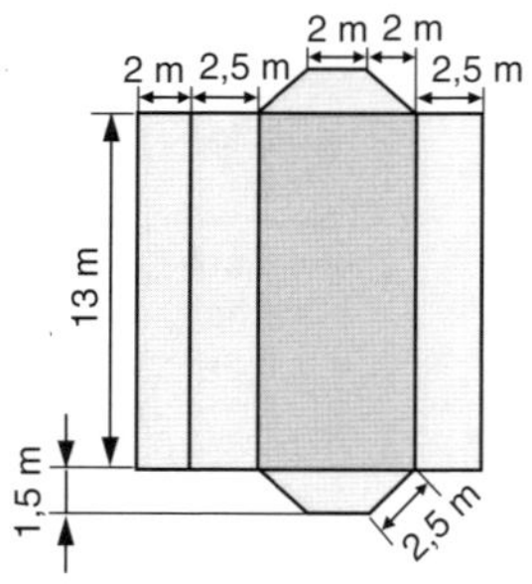

KK 23

Pyramiden

Pyramiden sind spitz zulaufende Körper. Sie haben Vielecke als Grundflächen. Wenn die Seitenkanten gleich lang sind, spricht man von einer **geraden Pyramide** (der Höhenfußpunkt fällt mit dem Schwerpunkt der Grundfläche zusammen), anderenfalls von einer **schiefen Pyramide**.

Beispiele:

Dies ist der Schrägriss einer **geraden quadratischen Pyramide**.
a ist die Grundkante, h die Körperhöhe der Pyramide.

$V = \frac{a^2 \cdot h}{3}$

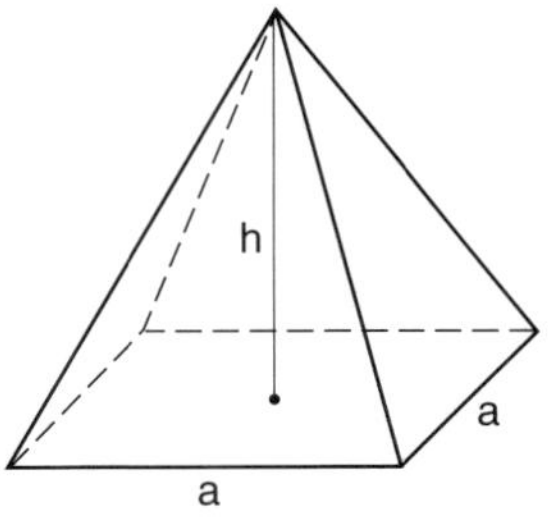

Dies ist der Schrägriss einer **geraden rechteckigen Pyramide**.

$V = \frac{a \cdot b \cdot h}{3}$

Allgemein: $V_P = \frac{G \cdot h}{3}$

Schrägriss einer Pyramide: siehe Rückseite

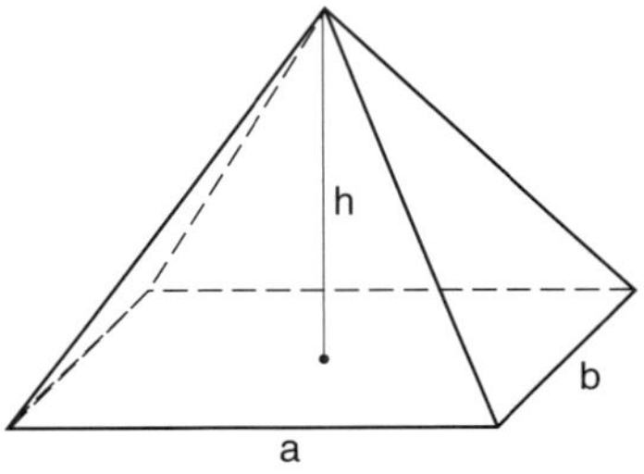

KK 24

Berechnung der Masse:

Symbole: m ...... Masse
ρ („rho") ..... Dichte **Masse = Dichte · Volumen**
V ...... Volumen $\mathbf{m} = \rho \cdot \mathbf{V}$

Die Dichte von Stoffen wird in kg/m^3 angegeben. Bei vielen Aufgaben ist es jedoch notwendig, die Dichte in andere Einheiten umzurechnen: kg/dm^3 oder g/cm^3.

Beispiel: Dichte von Gold: $\rho = 19\,300\ kg/m^3$ bedeutet, dass 1 m^3 Gold eine Masse von 19 300 kg hat.
$19\,300\ kg/m^3 = 19{,}3\ kg/dm^3 = 19{,}3\ g/cm^3$

Schrägriss einer Pyramide:

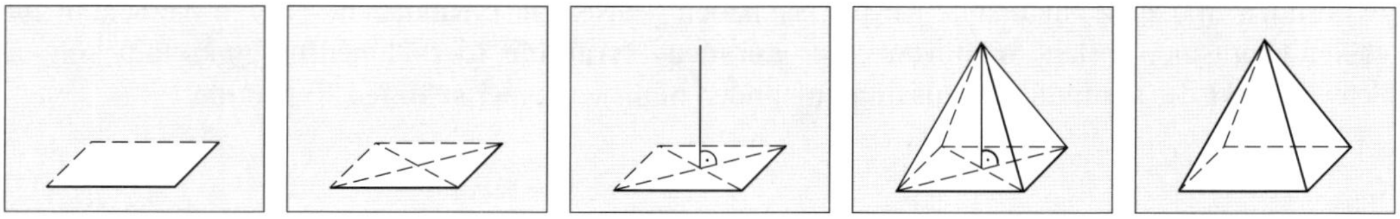

Die Schrägrisse von Pyramiden und Prismen lassen sich wie oben gezeigt zeichnen.

Bei eckigen Grundflächen sind die nach hinten laufenden Linien oft unter einem Winkel von 45° zur waagrechten Seitenlinie geneigt und um die Hälfte verkürzt gezeichnet. Sowohl die Winkel, als auch die Verkürzung der Seitenlinien können geändert werden.

KK 25

Der pythagoräische Lehrsatz

Satz des PYTHAGORAS: In jedem **rechtwinkeligen Dreieck** gilt: Die Summe der Flächeninhalte der beiden Quadrate über den Katheten ist gleich dem Flächeninhalt des Quadrats über der Hypotenuse:

$\mathbf{a^2 + b^2 = c^2}$

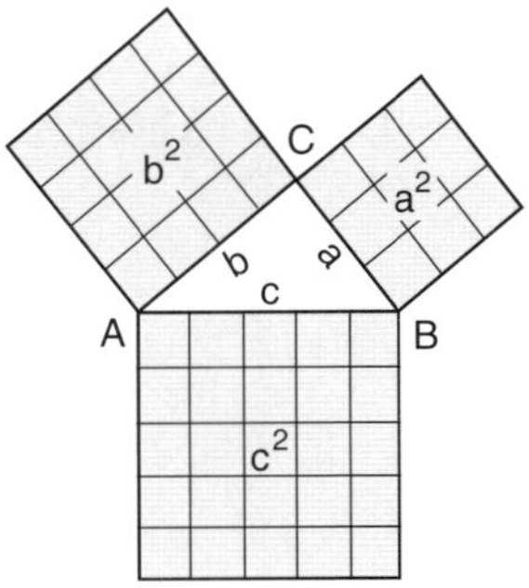

Mit Hilfe des Satzes von Pythagoras lassen sich die Längen von Katheten bzw. von der Hypotenuse berechnen.

Zeichnet man jeweils Quadrate über die Seiten verschiedener Dreiecke, so stellt man fest, dass der Satz von Pythagoras ausschließlich für rechtwinkelige Dreiecke gilt.

a) spitzwinkeliges Dreieck
$a = 5,\ b = 5$ cm, $c = 5$ cm

b) rechtwinkeliges Dreieck
$a = 3$ cm, $b = 4$ cm, $c = 5$ cm

c) stumpfwinkeliges Dreieck
$a = 3$ cm, $b = 4$ cm, $c = 6$ cm

[

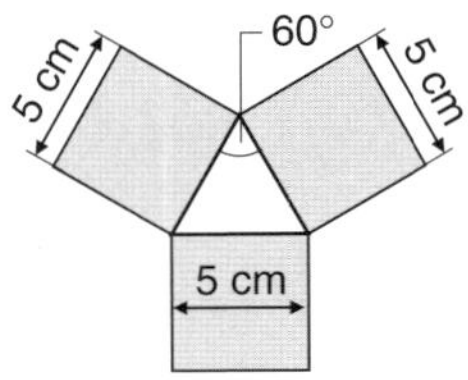

$25\text{ cm}^2 + 25\text{ cm}^2 > 25\text{ cm}^2$

$a^2 + b^2 > c^2$

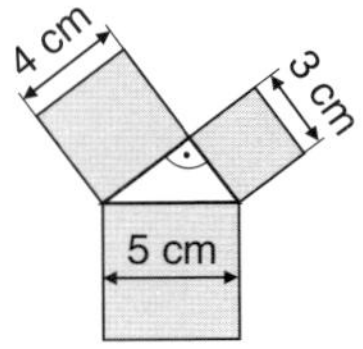

$9\text{ cm}^2 + 16\text{ cm}^2 = 25\text{ cm}^2$

$a^2 + b^2 = c^2$

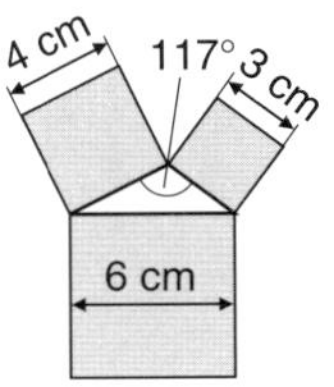

$9\text{ cm}^2 + 16\text{ cm}^2 < 36\text{ cm}^2$

$a^2 + b^2 < c^2$

Umkehrung des Satzes von Pythagoras: siehe Rückseite

KK 26

Pythagoräische Zahlentripel

Stellen die natürlichen Zahlen a, b und c die Maßzahlen eines rechtwinkeligen Dreiecks dar, bezeichnet man sie als pythagoräische Zahlentripel.
Im Folgenden wird gezeigt, wie pythagoräische Zahlentripel errechnet werden:

Wähle zwei natürliche Zahlen u und v ($u > v$) und setze in die gegebenen Terme ein.

$\mathbf{a = u^2 - v^2} \qquad \mathbf{b = 2uv} \qquad \mathbf{c = u^2 + v^2}$

Beispiel: Gegeben ist $u = 5$, $v = 4$, gesucht sind a, b und c!

$a = u^2 - v^2$	$b = 2 \cdot u \cdot v$	$c = u^2 + v^2$
$a = 25 - 16$	$b = 2 \cdot 5 \cdot 4$	$c = 25 + 16$
$\mathbf{a = 9}$	$\mathbf{b = 40}$	$\mathbf{c = 41}$

Probe:
$c^2 = a^2 + b^2$
$41^2 = 9^2 + 40^2$
$1\,681 = 81 + 1\,600$
$\mathbf{1\,681 = 1\,681}$

Umkehrung des Satzes von Pythagoras: Ist der Flächeninhalt des Quadrates über der längsten Dreieckseite gleich der Summe der Flächeninhalte der Quadrate über den beiden anderen Seiten, so ist das Dreieck rechtwinkelig.

KK 27

Das Rechteck (Fortsetzung von KK27 aus MatheMaster 1)

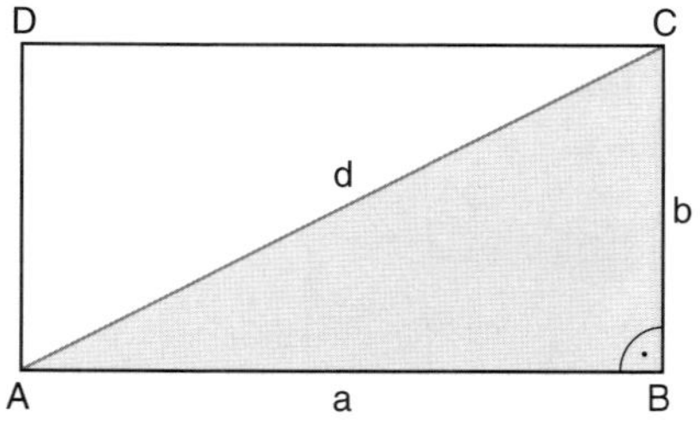

Jedes Rechteck hat einen Umkreis, dessen Radius $r_U = \frac{d}{2}$, wobei d die Länge der Diagonale ist.

$d = \sqrt{a^2 + b^2}$

KK 28

Das Quadrat (Fortsetzung von KK28 aus MatheMaster 1)

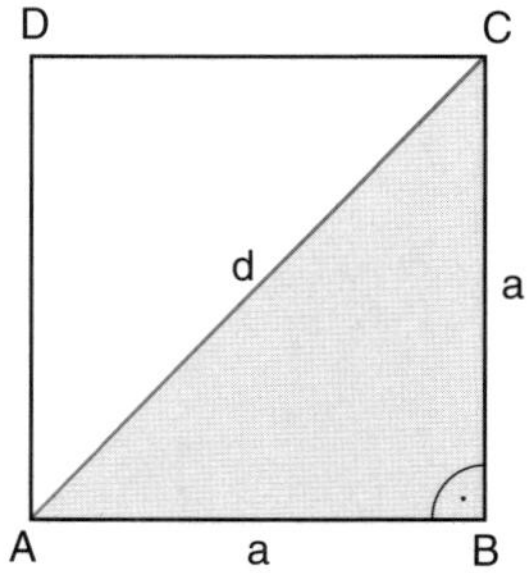

Jedes Quadrat hat einen Umkreis, dessen Radius $r_U = \frac{d}{2}$, wobei d die Länge der Diagonale ist.

$d = a \cdot \sqrt{2}$

KK 29

Verhältnisse und Proportionen

Verhältnisse sind dir bereits vom Maßstab bekannt. Der Maßstab 1 : 25 000 bedeutet, dass 1 cm im Plan in Wirklichkeit einer Strecke von 25 000 cm = 250 m entspricht.

Allgemein lässt sich ein Verhältnis so anschreiben:

a : b a ist die **vordere Verhältniszahl**, b die **hintere**.

Ein Verhältnis lässt sich auch als Division auffassen und deshalb als Bruch schreiben. Von dort weißt du, dass Brüche gekürzt werden sollen. Deshalb ist es wichtig, Verhältnisse mit möglichst einfachen natürlichen Zahlen darzustellen.

Beispiel:

$24 : 30 \quad | : 6$
$\mathbf{4 : 5}$

$0{,}3 : 2{,}1 \quad | \cdot 10$
$3 : 21 \quad | : 3$
$\mathbf{1 : 7}$

$\frac{3}{4} : \frac{9}{10} \quad | \cdot 20$
$15 : 18 \quad | : 3$
$\mathbf{5 : 6}$

Eine Gleichung der Form

a : b = c : d **heißt Verhältnisgleichung oder Proportion**.

Sprechweise: „a verhält sich zu b genauso wie c zu d"

a : b = c : d
(b und c: innere Verhältniszahlen; a und d: äußere Verhältniszahlen)

Innere Verhältniszahlen werden auch kurz **Innenglieder** genannt. Analog dazu sind die äußeren Verhältniszahlen die **Außenglieder** der Proportion.

Fortsetzung siehe Rückseite

KK 30

Ähnliche Figuren

Ähnliche Figuren haben gleiche Gestalt.

Welche Eigenschaften haben ähnliche Figuren?

- Einander entsprechende Winkel sind gleich groß
- Einander entsprechende Seiten haben das gleiche Verhältnis
- Ähnliche Figuren haben die gleiche Gestalt
- Ähnliche Figuren können verschieden groß sein.

Haben Figuren die gleiche Gestalt und die gleiche Größe, dann sagt man: die Figuren sind **kongruent oder deckungsgleich**.

Es gilt: Kongruente Figuren sind immer auch ähnlich, aber nicht umgekehrt.

Für ähnliche Dreiecke gilt: $\mathbf{a : a' = b : b' = c : c' = u : u'}$ u und u′ sind die Umfänge.

Weiters gilt: $\mathbf{a^2 : a'^2 = A : A'}$ A und A′ sind die Flächen.

Analog gilt für Vierecke: $a : a' = b : b' = c : c' = d : d' = u : u'$

Weiters gilt: $a^2 : a'^2 = A : A'$

Fortsetzung siehe Rückseite

Schreibt man die Verhältnisgleichung a : b = c : d in Bruchform an, so ergibt sich:

$$\frac{a}{b} = \frac{c}{d} \qquad | \cdot bd \qquad b,\ d \neq 0$$

$$\frac{a \cdot \not{b} \cdot d}{\not{b}} = \frac{c \cdot b \cdot \not{d}}{\not{d}}$$

$$\mathbf{a \cdot d = c \cdot b} \qquad \text{Produktgleichung der Proportion}$$

Eine Proportion ist richtig, wenn das **Produkt der äußeren Verhältniszahlen gleich dem Produkt der inneren Verhältniszahlen ist**.

Kurz: In einer richtigen Proportion ist das Produkt der Außenglieder gleich dem Produkt der Innenglieder.

Vergrößern und Verkleinern von Figuren:

Beispiel: Gegeben ist das Dreieck ABC und der Fixpunkt (das „Streckungszentrum“) Z. Zeichne das im Verhältnis 2 : 1 vergrößerte Dreieck A′B′C′.

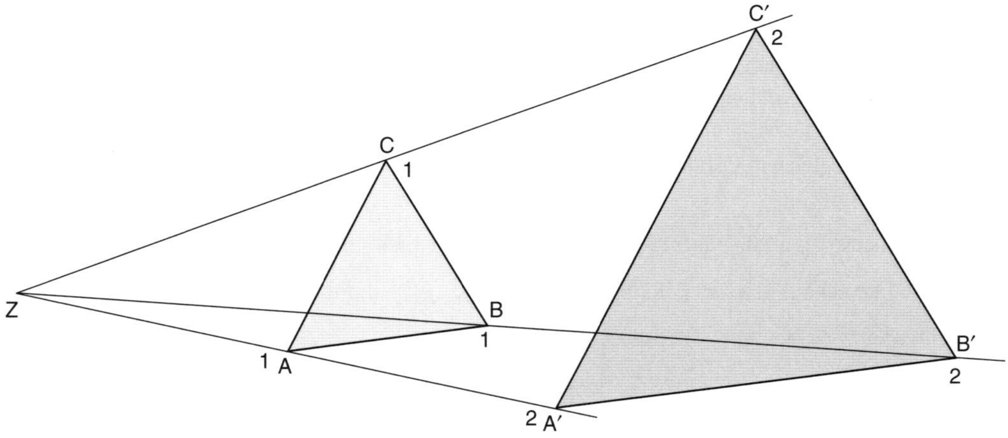

Z heißt **Streckungszentrum**.

KK 31

Zuordnungen und Funktionen

Bei einer **Zuordnung** werden Elementen aus einer **Ausgangsmenge A** (ein oder mehrere) Elemente aus einer **Bildmenge B** zugeordnet.

Beispiel: Ausgangsmenge A = {Karl, Berta, Helga, Konrad}, Bildmenge B = {Volleyball, Eishockey, Basketball, Streetball, Radfahren}. Du kannst nun den einzelnen Kindern ihre Lieblingssportart zuordnen. Dabei kann es auch vorkommen, dass ein Kind mehrere Sportarten gerne betreibt. Die Zuordnung kann auch durch eine Zuordnungsvorschrift angegeben werden. Diese kann man mit Worten formulieren oder als eine Gleichung anschreiben.

Festlegung: In der Mathematik gehören zur Ausgangsmenge A nur solche Elemente, denen wenigstens ein Bildelement zugeordnet wird.

Wird jedem Element der Ausgangsmenge A genau ein Element der Bildmenge B zugeordnet, dann heißt diese Zuordnung **Funktion**. Die Zuordnungsgleichung heißt hier Funktionsgleichung.

x	y
0	0
1	3
2	6
3	9
4	12

Zur nebenstehenden Tabelle passt die Funktionsgleichung $f\colon\ y = 3x$

Setzt man für x Zahlenwerte in die Funktionsgleichung ein, so erhält man die zugehörigen y-Werte. Die y-Werte hängen somit von den x-Werten ab, daher nennt man x auch die **unabhängige** und y die **abhängige** Variable.

Wertetabelle und Schaubild (Graph):

Jedes **Wertepaar** $(x \mid y)$ kann auch in ein Koordinatensystem übertragen werden. Der 1. Wert (x-Wert) wird in Richtung der x-Achse, der 2. Wert (y-Wert) in Richtung der y-Achse abgetragen.
Zu **jedem** Zahlenpaar in der Tabelle erhält man also einen Punkt im Koordinatensystem.

KK 32

Die lineare Funktion

Für lineare Funktionen lautet die Funktionsgleichung $y = k \cdot x + d \quad (k, d \in \mathbb{Q})$. Der Graph einer linearen Funktion ist immer eine Gerade.
Der Graph der Funktionsgleichung $\mathbf{y = kx}$ ist eine Gerade (bzw. ein Strahl) und verläuft immer durch den **Koordinatenursprung** $(0 \mid 0)$.

Diese Funktionsgleichung beschreibt direkt proportionale Sachverhalte.

Der Graph der Funktionsgleichung $\mathbf{y = kx + d}$ $(d \neq 0)$ ist eine Gerade (bzw. ein Strahl) und verläuft nie durch den **Koordinatenursprung**. Es liegt hier keine direkte Proportionalität vor.

KK 33

Beispiele für lineare Funktionen in der Praxis

Zinsen als lineare Funktion

Für Geld auf dem Sparbuch werden Zinsen bezahlt. Zinsen sind eine Art Leihgebühr dafür, dass man einem Geldinstitut einen bestimmten Betrag (Kapital) für einen bestimmten Zeitraum überlässt.

Zinsen werden üblicherweise jährlich abgerechnet.

Die Formel für Jahreszinsen lautet: $Z = \frac{K \cdot p}{100}$ Z ... Zinsen, K ... Kapital, p ... Zinssatz

Tageszinsen:

Wird ein Kapital nur für einen Teil eines Jahres verzinst, so erfolgt die Berechnung der Zinsen nach folgender Formel:

$Z = \frac{K \cdot p \cdot d}{36\,000}$ Z ... Zinsen, K ... Kapital, p ... Zinssatz, d ... Anzahl der Tage

Bemerkung: Im Bankwesen hat 1 Jahr 360 Tage. $\frac{1}{4} \mathrel{\widehat{=}} 25\,\%$ der Guthabenszinsen werden als Kapitalertragsteuer (KEST) von der Bank an das Finanzamt überwiesen. (Stand: 2002)

Tarife und andere Kosten als lineare Funktion

Mit Tarifen sind hier die Kosten für Strom, Gas, Wasser, Festnetztelefon u. a. gemeint. In Abhängigkeit von der Zeit oder dem Verbrauch fallen veränderbare Kosten an.

Oft wird zusätzlich eine fixe Gebühr (Grundgebühr) unabhängig vom Verbrauch verrechnet.

KK 34

Datenmengen und statistische Kennzahlen

In unserer Zeit werden sehr viele Daten gesammelt und anschließend ausgewertet. Eine wichtige Kennzahl ist das **arithmetische Mittel** oder der **Mittelwert** oder der **Durchschnittswert.**

Das arithmetische Mittel berechnet man, indem man alle vorhandenen Werte addiert und durch die Anzahl der vorhandenen Werte dividiert werden.

$\overline{x} = \frac{a_1 + a_2 + \dots a_n}{n}$

Der Mittelwert allein ist nicht sehr aussagekräftig. Wenn der Notendurchschnitt einer Schularbeit 3 ist, dann gibt es verschiedene Möglichkeiten für die Ergebnisse: Z. B.: Die Hälfte der Arbeiten ist 1, die andere Hälfte 5 oder alle Arbeiten wurden mit 3 beurteilt.

Eine weitere Kennzahl ist daher der kleinste Wert der Datenmenge, der auch als **Minimum** oder $\mathbf{x_{min}}$ bezeichnet wird.

Der größte Wert der Datenmenge wird als **Maximum** oder $\mathbf{x_{max}}$ bezeichnet.

Der Unterschied zwischen dem Maximum und dem Minimum wird als **Spannweite R** der Datenmenge bezeichnet.